U0642860
我们
蓬勃生长的
身体
女孩版
[波]芭芭拉·彼得鲁西恰克◎著
卢月新◎译
北京科学技术出版社
100层童书馆

著作权合同登记号　图字：01-2025-1036

图书在版编目（CIP）数据

我们蓬勃生长的身体 ：女孩版 / (波) 芭芭拉·彼得鲁西恰克著 ；卢月新译. -- 北京 ：北京科学技术出版社，2025. -- ISBN 978-7-5714-4676-5

Ⅰ. G479-49

中国国家版本馆 CIP 数据核字第 2025M7S484 号

策划编辑：	尚思婕　韩贞烈	**电　　话：**	0086-10-66135495（总编室）
责任编辑：	樊川燕		0086-10-66113227（发行部）
封面设计：	源画设计	**网　　址：**	www.bkydw.cn
图文制作：	天露霖	**印　　刷：**	雅迪云印（天津）科技有限公司
责任印制：	吕　越	**开　　本：**	880 mm × 1230 mm　1/32
出 版 人：	曾庆宇	**字　　数：**	108千字
出版发行：	北京科学技术出版社	**印　　张：**	6
社　　址：	北京西直门南大街16号	**版　　次：**	2025年8月第1版
邮政编码：	100035	**印　　次：**	2025年8月第1次印刷

ISBN 978-7-5714-4676-5

定　　价：68.00元

献给你，以及所有其他女孩。

前　言

嘿，我叫芭芭拉，是一名记者。我喜欢阅读和写作，也喜欢跟别人探讨我感兴趣的话题。一旦碰上让我着迷的事，我就会全身心投入，根本无暇顾及其他事。我对跟我们的身体相关的话题有极大的兴致——虽说我对狗狗也很感兴趣，但这和本书的主题无关。

在了解了身体的工作机制，以及身体如何与我们的认知、情感和意志相互关联、相互影响之后，我不禁大为惊叹。在我看来，认识身体能够赋予我们强大的力量，让我们更加深刻地理解自我。在青春期，身体会发生一系列明显的变化，

这种自我认知显得尤为重要。这正是我创作这本书的初衷——帮助你了解身体在青春期发生的各种变化。更重要的是，引导你深入认识自己的身体，确切地说，是了解你自己。我衷心期望这本书能成为你的青春期指南，陪伴你顺利走过这段意义非凡的时光。

芭芭拉

如何阅读本书？

按照你喜欢的方式来！你可以自己一个人静静地阅读，也可以和其他人一起阅读。如何阅读由你决定。

如果有些内容你看不太明白，或者你还想了解更多内容，可以去问问你的父母或其他你信任的人。

如果你不太理解书中一些描述身体结构的术语，可以翻到第六章查看解剖图。

这本书主要面向女孩，但其他人感兴趣的话也可以阅读。

不必急于一口气读完这本书。这本书信息

量很大。你可以只挑自己感兴趣的部分阅读，也可以从头到尾逐页阅读。按照你喜欢的方式阅读就好。

另外，如果你愿意，还可以在书上做笔记、圈重点，或者在你觉得有趣的语句下面画线。我个人非常喜欢在对我有帮助或者特别吸引我的内容旁边做标记（我还喜欢在书页边缘做笔记）。总之，你可以按自己的需求和喜好随意使用这份青春期指南！

目录

第一章

欢迎回家！

你的身体就是你的家。你居住在你的身体里。你的脚趾、肚脐，你的头发、臀部，你的肠道、肺以及喉咙，你的每一颗痣、每一块胎记和每一道伤疤都属于你！你的身体如此完美，它是独一无二且不可复制的。

你的身体赋予了你多元能力：奔跑，跳跃，游泳，感受蛋糕的香甜、花朵的芬芳以及怀抱的温暖，阅读，书写，歌唱……

你应该用**积极的态度**对待你的身体——接纳、关注并欣赏它！

在本书中，你将学习如何调动身体积极性。

让我们从一个小练习开始。你能说出你的身体可以做什么吗？想一想，然后写下来。除了你喜欢做的事，还要想想那些你经常做以至于你可能会忽略的日常小事。有一天，如果你忘记了自己的身体有多了不起（每个人都可能遇到这种情况），下一页的这份清单会提醒你。

我的身体能够：

众所周知，房子是由无数砖块搭建而成的，而构建你的身体的“砖块”就是细胞。你的骨骼、大脑、血液、皮肤、头发以及身体的其他部分都是由微小的细胞组成的。

人体细胞形态多样，大小差异也很大。有的看起来像小小的馅饼（如红细胞），有的看起来像灵动的风筝（如神经细胞）。

大多数细胞都非常小，只有借助显微镜才能看见。人体中最大的细胞是成熟的卵细胞（也叫卵子）。请记住这个名词，它会在本书中反复出现。

你知道吗？

宇宙中大多数的天体，包括恒星、行星等，主要是由一种叫原子的微小粒子组成的。你的身体也是由原子组成的，可以说，你的身体就是一个小宇宙！

感受和情绪会影响你的能量水平。例如，感到悲伤或焦虑时，你可能会胃痛；生气时，你可能会头痛；心情愉悦时，你会感到身体很轻盈。所以，请重视你的身体发出的信号！身体的疼痛和疾病，特别是持续时间很长的那种，会影响你的精神状态。

第二章

什么是青春期？

青春期指男女生殖器官发育成熟的时期。在这期间，你会经历一场“生理革命”，这场“革命”由大自然这位母亲主导，你的身体会经历由孩童到成人的蜕变。

你的身体——这个属于你的家，将在这个时期迎来一场声势浩大的“扩建”与“改造”。无论男孩还是女孩，都会开启一段不可复制的成长之旅。

一般来说，女孩的青春期开始于8到13岁之间，会持续3到6年。

在这个时期，你的身体会发生巨大的变化；你的情绪会容易波动起伏；你的心理，包括对自我的认知，以及对周围世界的理解也会和以前有所不同。

你知道吗？

在世界上很多文化中，青春期都被视作一个极其重要的时期，因此，当青春期到来的时候，人们常常会举办特定的仪式，庆祝个体从孩童迈向成人。

在南非文达，女孩第一次来月经（也叫初潮）后会接受有关婚姻、性与生育方面的教育。为了庆祝女孩初潮，当地人还会跳一场持续数小时的“蟒蛇之舞”。

在现代社会的一些家庭中，女孩会在初潮这一天收到鲜花或其他礼物，来庆祝生命中的这个重大变化，因为这对所有女孩来说都是一次全新的人生经历。

青春期是你生命中一段独特的时光，也是一段伟大的旅程。面对未知的旅程，未雨绸缪、提前规划无疑是正确的做法。同样，在青春期到来前，你也可以做一些准备。来看看和青春期这段旅程有关的“地图”吧！

旅程的不同阶段都会发生什么呢？

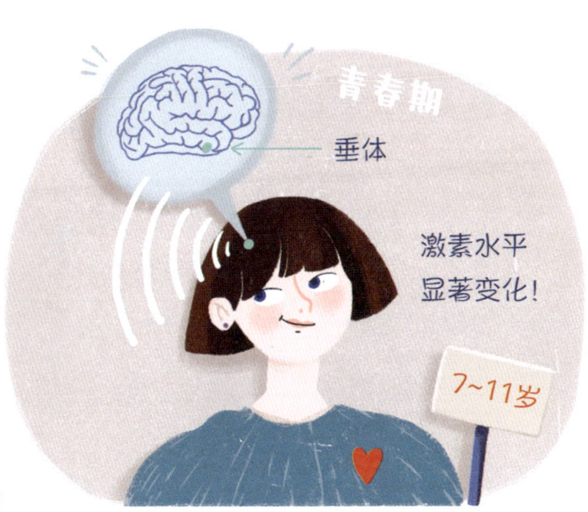

7～11岁

激素水平会显著变化！垂体会“唤醒”卵巢，促使卵巢发育并分泌特殊的激素。

青春期：准备好了吗？旅行开始啦！

9～14岁

个子长高！你的身高会蹿升，通常在第一次来月经的前一年，身高的增长速度会达到峰值。你可能会在12个月内长高10厘米！

与此同时，你的乳房也在慢慢变大。有人说，这是乳房在“发芽”。

10～16岁

体毛开始增多！陆续长出阴毛和腋毛。这种变化通常发生在乳房开始发育后的一年到一年半的时间里。

9～16岁

第一次来月经！通常发生在乳房发育两年后。

之后，身高的增长速度通常会放缓。尽管如此，女孩在第一次来月经后平均还会长高7厘米。

13～18岁

大脑发育！你的大脑会发生显著的变化。你调节自身情绪以及处理与他人关系的方式，都和从前大不相同。与此同时，你的思维方式将变得更加复杂，你开始思考更有深度的问题，你洞察事物的能力也在持续提升。大脑堪称人体发育耗时最长的器官。直至你25岁左右，大脑才会完全发育成熟。

在接下来的章节中，你会详细了解青春期发生的这些变化。

准备好了吗？一起来看看吧！

旅行地图

青春期
激素水平显著变化！
垂体
7~11岁
9~14岁
乳房发育
个子长高
9~14岁
腋毛！
一股味道……
GO!
长痘痘了！
啊，我的刘海！
10~16岁
第一次来月经
9~16岁

第三章

身体会发生哪些变化？

青春期始于一个肉眼看不到的事件：下丘脑从相对不活跃的状态转变为活跃状态，并“命令”垂体“唤醒”在小腹中休眠的卵巢（后面你会了解更多与卵巢相关的信息）。

垂体会分泌一些特殊的激素。这些激素不仅能刺激卵巢内卵泡的生长和发育，触发排卵，还能促使卵巢分泌雌激素、孕激素和少量雄激素。

卵巢分泌的激素会在你的身体内四处“游走”以传递信息。**随后，许多显著的变化即将发生！**

一切都在长

现在，你进入了快速生长期。有人将这个时期形象地称为“身高突增期”，因为你的身高增长速度处于高峰期！在此之前，你曾经历过一次如此快速的生长，那时你只有2岁。现在，你可以在短短一年内长高10厘米！

请记住，每个人都有自己的发育节律！

不是所有人都会在相同的年龄开始猛长。有的人长得早一些，有的人长得晚一些。通常来说，女孩比男孩早进入青春期。

面部特征

你的面部会发生变化——鼻子会变大，额头会变宽，下巴的轮廓会更加明显。这些变化会让你显得成熟。

并非所有变化都同时发生！

身体各个部位发育的时间并不相同。一般来说，手和脚比身体的其他部位发育得早。你的爸爸妈妈可能会纳闷，才买了没多长时间的鞋子怎么这么快就变小了呢？这是因为**你的脚又长了**。

变化太多啦！

每个人在青春期或多或少都会感到不自在。突如其来的变化令人兴奋，同时你可能会感到不安和不适，有时甚至会感到奇怪。

好消息是，这些变化并不是同时发生的，你有充足的时间来适应它们，并重新认识自己。

我的身体很“聪明”，它知道自己在做什么！

你的身体很“聪明”，它知道自己在做什么。相信它，让它按照自己的节律生长。

体形

除了身高的变化，你可能还注意到自己的髋部变宽了。你的骨盆会慢慢发育到成年人的尺寸。女性的骨盆一般比男性的宽，这是为了适应未来分娩的需要。

此外，你的大腿、臀部和腹部也会发生变化。由于皮下脂肪的增加，它们会变得更加柔软和圆润。与男性相比，女性这些部位的脂肪更

多。这些脂肪里储存着女性怀孕期间所必需的能量。脂肪之所以至关重要，是因为它能帮助维持激素的平衡和正常分泌，而激素精准地调控着身体内众多复杂的生理进程。

尽管每个女孩在青春期都会经历类似的变化，但这并不意味着所有女孩都会变得一模一样。毕竟，成年女性（即使同龄）之间也存在差异——有的高大健壮；有的矮小丰满；有的身材高挑，臀部宽但胸部小……每个人都不一样，且本来就该不一样。

世界上不存在一种适合所有女孩的成长模式。

乳房

乳房发育是青春期的一个明显标志。你可以把这件事想象成一只小燕子来报春——它虽然不能完全代表春天已经来临，却预示着万物都将在不久之后焕发生机。

当你发现乳头增大，逐渐变得浑圆，并且向外突出，乳房偶尔还有胀痛感，就说明乳房开始发育了。这些迹象通常在9岁到14岁之间开始出现。

乳房发育的开始时间和过程存在个体差异，并且两侧乳房发育的进程也可能不一样。**实际上，即使是成年女性，两侧乳房的大小也会有微小的差异！**

女孩的乳房可能需要3年、5年，甚至更长的时间才能完全发育成熟，具体时长因人而异。

请记住，你正以最适合自己的节律成长着。你的身体很“聪明”，它知道自己在做什么。

为什么有些人的乳房很大，而有些人的乳房则很小呢？

乳房的大小和形状在很大程度上由遗传因素决定。也就是说，你的乳房的大小和形状很可能与你妈妈或外婆的类似。

乳房的大小并没有所谓好与不好之分。

即使在你成年后，乳房的外观也会受许多因素的影响而发生变化，如体重变化、怀孕、哺乳，以及年龄增长等。

乳房有什么作用？

女性的乳房可以分泌乳汁，哺育孩子（虽然男性也有乳房，但他们的乳房并不会发育，也不会分泌乳汁）。所有哺乳动物（靠母体的乳腺分泌乳汁哺育初生幼体的动物）在这一点上都是一样的。我们与猫咪、鲸鱼都属于哺乳动物。

女性的乳房在女性怀孕时就开始为分泌乳汁做准备，这样孩子一出生她们就能为孩子提供最好的养分。

你听说过“乳母”这个词吗？

在古代，有一种专属于女性的职业——“乳母”。这些女性通常受雇于他人（一般是富人），用自己的乳汁哺育他人的孩子，这可能是由于那些孩子的生母奶水不足无法亲自喂养。

关于乳头

随着乳房不断发育，你一定会注意到你的乳头也在发生变化。它们会凸起、变大，颜色会变深。有些人乳头周围还会长出细小的毛发。**这些都是正常现象**！

通常情况下，乳头受到外界的刺激，如被触碰或遇冷时会凸起，但在放松状态下，它们是另一种样子——松弛且柔软。

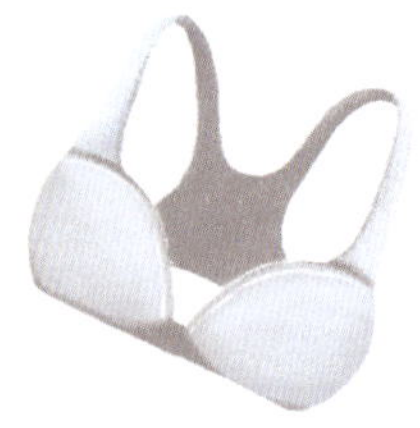

第一件文胸

很多女性穿文胸（也叫胸罩，保护乳房使其不下垂的用品）是为了行动更方便。文胸能为女性的乳房提供支撑——因为乳房有一定的重量，运动时负重感更明显。**穿上合适的文胸能有效减轻肩部的压力**。穿文胸还有其他作用吗？当然有！在冬天，文胸能给乳房增加一层保暖防护！

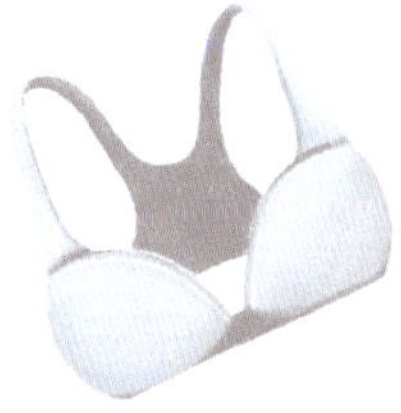

当你的乳房开始发育，你就可以给自己购置第一件文胸了！女孩通常会很好奇穿文胸是什么感受。你如果觉得是时候穿文胸了，可以和妈妈或者其他你信任的人聊一聊。你们可以一起去商店，或者在网上浏览不同款式的文胸。

对任何一位女性来说，是否穿文胸完全取决于她自己。有些人认为文胸是多余的，有些人则认为文胸是必需品，穿上文胸会让她们感到愉悦。**每个人的想法不同，但没有对错之分！**

如何选择文胸的尺码？

75C还是90A？这可不是在玩数字游戏，这些数字和字母的组合是文胸的尺码——数字代表下胸围（沿乳房基底部水平环绕乳房所测得的周长）是多少厘米，字母则代表上胸围和下胸围之差（罩杯）。

文胸可能会在你上体育课或做运动时派上用场。当你跑步或跳跃时，乳房会随着你的动作自然地晃动，并非每个人都喜欢这种感觉。

如今，很多文胸都是按照标准尺码（超小号、小号、中号、大号、加大号）售卖的。**选一款让你穿上觉得舒服的文胸非常重要。**试穿时，如果觉得太紧，就换大一些的尺码试试。最好去可以帮顾客挑选文胸的店铺购买，那里的店员通常有这方面的专业知识。

体重

骨骼和肌肉的生长，以及脂肪的增加会让你的体重增加。**这是正常的**。有些女孩认为体重增加不好，于是尝试改变自己的饮食习惯。

事实上，在大多数情况下，这样做是没有必要的。现阶段，对你而言，最重要的就是摄入足够的营养，健康成长。在第八章，我会告诉你什么是健康饮食。

另外，体重变化不只是饮食的原因，还与激素分泌、运动量等有关。**如果你对自己的体重有所担忧（比如觉得自己过瘦或过胖），可以先和父母聊一聊**，再决定要不要去看医生，检查一下是否一切正常。

生长纹

当你快速生长时，你的皮肤的生长速度可能赶不上你的骨骼、肌肉等组织的生长速度。毕竟，皮肤需要迅速地伸展，以容纳下你正在发育的身体！在这种情况下，你的臀部、大腿、胸部、腹部，甚至背部，可能会出现一些和其他部位的皮肤颜色不一样的条纹。

这些就是生长纹，是皮肤被“撑开”并伸展的地方，**有人称这种独特的印记为“膨胀纹”**。不仅在青春期，在怀孕期间，或者由于其他原因导致体重骤增后也容易出现生长纹。男性也会长生长纹！

橘皮组织

橘皮组织指的是皮肤上像橘子皮一样坑坑洼洼的凹陷，常出现在大腿、臀部、腹部或手臂内侧。

橘皮组织完全是正常现象，世界上大多数女性都有！

然而，由于受到了去除橘皮组织产品厂商营销话术的影响，很多女性认为橘皮组织是身体瑕疵。如果你听到类似的说法，请你记住，你的身体从来不是你的敌人，更不是你需要“对抗”的对象。

皮脂和痘痘

你的皮肤中有多种腺体，它们会分泌各种物质，比如汗液和皮脂。有些腺体到了青春期才开始活跃，皮脂腺就是其中之一。

皮脂是一种油脂，它能够**保护和滋润皮肤**，使其柔软且不易干裂。进入青春期后，由于体内的雄激素水平升高，皮脂腺分泌旺盛，皮脂分泌量显著增加，你的皮肤和头发会更快地变油腻。

有时，皮脂会堵塞毛孔（使皮肤能够“呼吸”的小孔），导致痘痘产生。长痘痘可能是青春期最典型、最让人烦恼的一种变化。痘痘最常出现在脸上，有时也会从背部或胸前冒出来。通常，只要不用手挤压痘痘，坚持用温和的清洁产品清洗长痘部位，然后耐心等待痘痘自行消退就行。要是痘痘数量特别多或者长痘处疼痛感明显，最好向专业的皮肤科医生咨询。

请记住，长痘痘是正常现象。当痘痘隐隐作痛时，你可能会烦躁不安。你担心痘痘会影响别人对你的看法。但是请谨记一点，真正的朋友不会因为你长痘痘而嘲笑你。

要知道，即使是成年人，也无法完全摆脱长痘痘的烦恼。**每个成年人都可能时不时长几颗痘痘。**

汗液

汗腺如同细小的管道，汗液经其排至皮肤表面。皮肤的大部分区域都分布着汗腺，**脚底、手掌和头部尤其密集。**

青春期会出更多的汗。

你会发现，你并非只有在跑步或感到热时才出汗。当你感到害怕、紧张、兴奋或者生气时，你也会出汗。此外，相较于进入青春期之前，你的腋下、腹股沟（大腿与腹部相连的部位）以及会阴部会出更多的汗。这些变化都属正常现象，你需要慢慢适应。

你的汗味也会愈发明显。这种难闻的气味是皮肤上的细菌分解汗液所致（别担心，这些细菌并无危害）。为了避免产生汗味，你只需经常洗澡即可。

或许你想买一款能够去除汗味的除臭剂或能抑制汗液分泌的止汗剂。不妨问问你的妈妈或姐姐，让她们帮你选一款最适合你的产品。

不过，对于容易出汗的腹股沟部位，不需要使用任何特殊产品，只要每天用清水清洗并勤换内裤就足够了。

体毛

在青春期，身体的一些部位会长出新的体毛。这些体毛有的会成片长出；**有的则会先派一些“侦察兵”探路**，随后其他体毛才陆续长出。

新的体毛通常出现在**腋下及阴部周围**。腋下的体毛叫腋毛，阴部周围的体毛叫阴毛。阴毛主要分布在耻骨、腹股沟以及肛门周边，男性的阴毛有时甚至会延伸至肚脐。这些体毛能够减少衣物与皮肤之间的摩擦，阴毛对阴部周围的皮肤还能起到一定的保护作用。

在青春期，你的脸（唇部周围以及眉部）、腿、手臂甚至脚掌上，都可能长出新的体毛。**原本就有的体毛质地会变硬，颜色也会加深**。青春期激素水平的变化还可能促使痣、疣或者乳头周围长出毛发。

这些新长出的体毛，颜色可能与头发的颜色一致，也可能比头发的颜色深一些或浅一些。**请记住，每个女孩的身体状况存在差异，体毛生长的情况自然也各不相同。**

你知道吗？

在波兰，去除腿部、腋下或腹股沟处的体毛是近年来才有的现象。**40年前，多数波兰女性并没有这种习惯**。刮毛刀和脱毛膏的制造商不断向大众传播“女性的身体应光滑无毛”这一观念，促使女性购买其产品。

此外，电影、广告以及社交媒体上展示的女性身体通常是没有体毛的。因此，你可能误以为所有女性都理应如此，但事实并非这样！

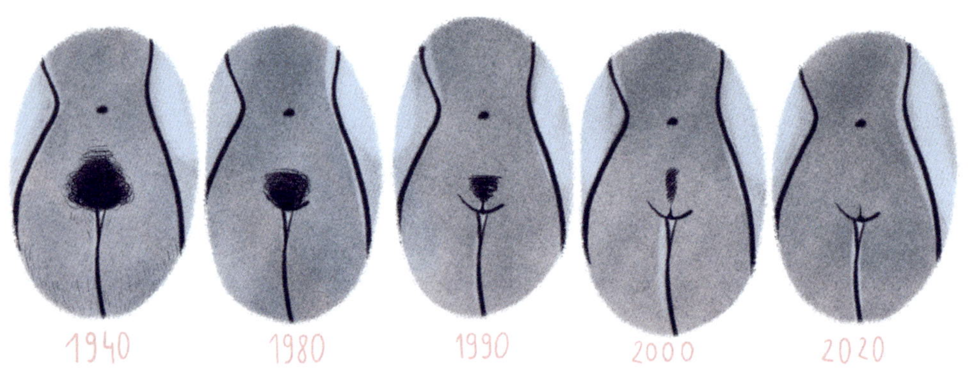

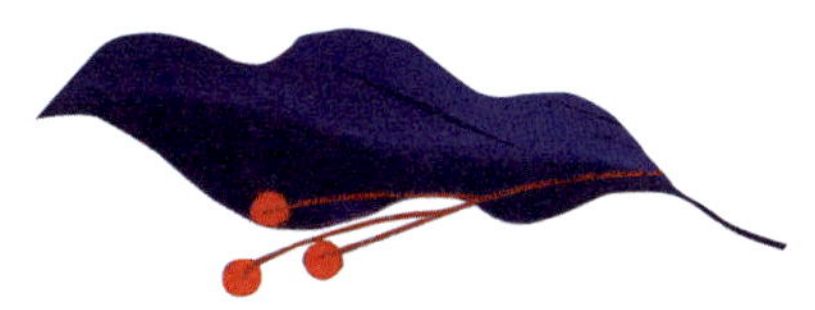

你可以选择去除体毛，也可以选择保留体毛。我希望你明白，在与自己身体相关的所有事情上，你都拥有绝对的自主权。关键在于，你得认真思考一下：去除体毛的想法，究竟是源于你内心真实的渴望，还是受到外界的影响才产生的？这个问题可没那么容易回答。我认识的大多数女性，都是经过长时间的尝试之后，才找到了最适合自己的方式。有些女性完全不去除体毛，有些则只在夏天去除。有些女性仅去除腋毛，有些女性不除腋毛，却会刮掉腿部的体毛。总之，你有各种各样的选择，至于究竟选哪一种，完全由你自己决定！

阴道分泌物与阴道气味

阴道在子宫颈下方，是生殖器官的一部分，呈管状。阴道口位于尿道口的下方。在本书接下来的内容中，你将读到更多与它相关的信息。

阴部，即外生殖器，是生殖器官的外露部分。你可以称它为外阴、私处，也可以用你自己的方式称呼它，只要你觉得自在就可以。

如果你在内裤上发现了乳白色的分泌物，不必担心！**这意味着你的身体正在健康且顺利地成长。通常来说，再过几个月到一年的时间，你就会迎来自己的第一次月经。**

当你开始来月经后，你的阴道会分泌不同状态的分泌物——有时像白色乳霜一样，有时像透明的蛋清一样。这些都属于正常现象！**等你熟悉了自己的月经周期，不妨尝试探究一下分泌物状态与月经周期之间的关系。**

你或许会察觉到，你的阴道有一种微酸的气

味（并非花香之类的气味）。这完全正常。**我建议你多留意阴道的气味。**假以时日，你会渐渐熟悉它，甚至能通过气味判断身体是否出现异常情况。

清洗阴部时，仅用清水就够了，无须使用特殊的洗液。**还有很重要的一点，只需清洗外阴部分，阴道内部无须清洁，因为它由大自然“设计”，天生具备自我清洁能力。**

你准备好继续接下来的“旅程”了吗？那么，让我们来了解一下，面对青春期的种种变化，如何树立积极的身体观念，从而以从容的心态平稳度过青春期。

第四章

学会说“不”！

在青春期，你的变化很可能引起他人的注意，人们开始以不同的眼光看待你，这并不奇怪。毕竟不久之前，你还是个小女孩，而现在，你正逐步成长为成熟的女性。

有些人，可能是成年人，也可能是孩子，会评论你的外貌。有时候，他们的表达方式比较友好，这会让你感到愉悦且自豪。然而，有时你也会听到一些刺耳且不恰当的言论，这些话本不该说出口。**请记住，这些评价并不能反映真实的你，反而暴露了说话者自身的问题。**或许他们根本不懂如何得体地与别人相处。更重要的是，他们没有意识到语言会对他人造成伤害，让人感到不舒服。

你永远有权明确表达自己的反对意见。这么做，不仅是关爱自己，也是向他人表明你的底线不容侵犯。这是一项极为重要的能力，你可以通过学习来培养这种能力。

看看下面的例子。

1.生日聚会上，小姨当着全家人的面说：

“安妮，你的胸部鼓起来了，你马上要成为女人了！”

安妮不喜欢小姨说这样的话。她感到十分愤怒，因为对她而言，这是个非常私密的话题。遇到这种情况，她可以这样回应：

“小姨，这是我的私事，我不希望您在公开场合谈论这个。”

2.一个女同学对安妮说：

“你穿的这条裙子真难看，我这辈子都不会穿这种裙子。”

“或许你不喜欢这条裙子，但这不重要。我喜欢就行。”

3.大街上，一个陌生男人对安妮说：

“你的腿真好看！”

安妮转身离开，回家后向家人讲述了自己的遭遇。

如果有陌生人主动跟你搭话，此时并非划清界限或直接说“不”的恰当时候。在这种情况下，保障自身安全才是重中之重。请记住，迅速离开现场同样是保护自己的一种重要方式。

尽管情况各不相同，但你一定要留意自己的感受，并相信这些感受，因为它们会向你传达某件事对你有益还是有害。

试着练习写一写在类似情况下你可能会给出的回答。

勇敢说“不”

对一些女孩而言，说“不”并非易事，因为总有人通过各种方式不断向她们灌输：女孩就应当温柔乖巧、乐于助人且时刻面带微笑。诚然，这些都是好的个性和品质。然而除此之外，**具备勇敢表达自身观点、关注自己及自身需求的能力，同样至关重要**。能勇敢地说“不”是一件了不起的事。

关注自己的感受

很多女孩在受委屈时会刻意回避自己最直接的感受，觉得那只是错觉，没什么大不了。但事实上，相信并认可自己的感受极为重要。你应该对自己说：“我确实受到了不公平的对待，并非我想多了。我有权为此感到难过和生气。”

我现在感觉如何？

敲重点：不要将不好的情绪积压在心底，也不要将不好的经历尘封在记忆深处，你可以向你信赖的人（最好是成年人）倾诉。

你的身体属于你！

请牢牢记住，未经你的同意，任何人都无权触碰你！无论是你的隐私部位（臀部、胸部等），还是哪怕只是一根脚趾，只要你不愿意，别人就绝对不能碰。

第五章

如何看待自己？

你是否想过，为什么你能看见这个世界？你或许会回答：“因为我长了一双眼睛。”然而，让你得以看见世界的，可不仅仅是眼睛！

你所看见的图像，实际上是在**你的大脑**中形成的，眼睛仅仅负责向大脑传递信息。**你可以验证一下**：伸出右手食指，接着轮流闭上左眼和右眼来观察它。你会发现，这根手指的位置会因观察的眼睛不同而不同。**大脑会把来自两只眼睛的信息进行整合**，最终形成你所看到的图像。

我们对事物的看法，往往会受到我们的喜好与感受的影响。举个例子，你的一个朋友特别喜欢仓鼠，可你一点儿也不喜欢。当你们一起看同一张仓鼠的图片时，你的朋友会很喜欢这张图片，因为她本就喜欢仓鼠；而你可能觉得这张图片并不吸引人。即便你很认可摄影师的抓拍技术，你还是不会长时间盯着这张图片看。

你和你的朋友明明看的是同一张图片，你们的感受却迥然不同。

之所以会产生这种差异，是因为每个人的“鼻梁上”（确切地说是大脑中）都架着一副“无形的眼镜”，我们就是透过这副“眼镜”来看世界的。这副“眼镜”由我们的喜好、情绪、感受、知识，以及生活经历构成。因此，当人的喜好发生变化时，这副“眼镜”也会随之变化。想象一下，如果有一天你开始喜欢仓鼠了，那你看与之相关的图片时心情也会变得不一样！

什么是身体形象？

身体形象是你对自己身体特征的主观认知和态度。你可以透过那副特殊的“眼镜”来看待自己在镜子中的模样。

当你对自己的身体感到满意和自信时，你的身体形象就是积极的；当你对自己的身体感到不满和焦虑时，你的身体形象就是消极的。

身体形象会受多种因素的影响，但你可以积极地塑造它。

用他人的眼睛看世界

每天，我们都有很多机会通过他人的眼睛来看待这个世界。各种各样的媒介——图书、电影、电视、杂志以及网络——都在向你展示其他人看待世界的视角和方式。他人的视角有时很精彩、很有启发性，但有时也会误导你。例如，你可能会在网络上看到有帖子试图让你相信一些错误的观点，如“某一类人比其他人低等”（这是错误的，所有人都是平等的）、“说脏话让人看起来很酷”、“美丽对女人来说很重要”（只有你自己才能决定什么对你来说很重要）等。

照片里的女性形象

你所看到和听到的一切，都会潜移默化地影响你看待自己的方式。你会观察其他女性的言谈举止和外貌。每个孩子都会这么做，就像狼崽子也会观察自己的妈妈一样，因为它要从妈妈那里学习如何成为一只真正的狼。

然而，与狼崽子不同的是，你的身边有无数不同形象的女性。电影、电视剧、广告，以及网络上所展示的女性形象千姿百态，**让人眼花缭乱**。

问题在于，**其中很大一部分女性形象都与现实生活中的相差甚远**。电影、电视剧、广告，以及网络上往往只展示几种固定类型的女性形象——她们通常身材苗条、皮肤白皙、妆容精致，穿着最新潮的服装。

在现实生活中，女性的形象是多种多样的！

你看到的很多女性的照片，往往都经过精心处理，她们的容貌和身材是用特殊的应用软件修饰过的。**这意味着，照片中的女性和她们在现实生活中的模样存在差异。**照片里的她们，甚至可能看起来和真实的她们大相径庭！

看多了这种“完美”女性的照片可能会让你感到沮丧，进而对自己的外貌不满。幸运的是，你可以通过一些方法帮助自己建立积极的身体形象！

如何建立积极的身体形象？

调动身体积极性的方法

- 关注你的身体能做的事情。你可以时不时翻到前面看一下你在本书第3页写的清单。如果觉得有必要，你可以继续补充。一定要记住你的身体有多了不起，它支撑着你度过这一生。

- 做自己热爱的事。做那些能让你由衷地感到快乐的事情，无论是编程、朗诵还是其他事情，都尽情地去尝试吧！当发现自己在某些方面有特长时，你会收获更高的自我价值感，对自己身体形象的认知也会更加积极。

♥ **温柔地与自己对话。**经常对自己说一些积极的话，比如“我做得真棒”“我很强大”“我穿这件毛衣真好看”等。当你未能做成某件事时，不妨这样鼓励自己：“虽然这次没成功，但我会认真思考问题到底出在哪儿，下次我肯定能行！”与此同时，别忘了赞美自己的身体，并为它感到骄傲。

- **尽可能地让自己动起来！**投身运动之中，感受运动带来的纯粹的快乐。在调动身体积极性的同时，你会愈发喜欢自己的身体。如果你想了解更多，可以翻到第八章看一看！

- **建立健康的人际关系。**请跟那些支持你、让你感到舒适并且不会打压你的人相处。

- **拒绝羞耻感。**当涉及身体的某些事情让你产生羞耻感时，一定要留意自己的这种感受。最好将事情告诉身边某个和善友好的女性。羞耻感常常会让人陷入沉默，而把它倾诉出来，就如同用针刺破气球，能让这种负面情绪像气球中的气体一样瞬间消散。

- **不要与他人做比较。**如果你发现自己正在这样做，试着把注意力转移到别的事情上。你可以关掉手机，写写画画，或者与家里人聊聊天。你还可以读书，或者听你喜欢的歌（最好是欢快的歌）。之后，你可以做一个小练习：想一想你擅长做什么事情。

- **别暗自伤神。**如果某件事让你担忧、害怕，或者陷入那种似乎看不到尽头的痛苦中，千万不要把这些情绪憋在心里。你可以向信任的人倾诉你的这些感受，或者向专业人士，如心理医生寻求帮助。

♥ **谨慎使用社交软件。**在使用社交软件时，你如果发现你关注的某个人发布的照片或视频让你感到不适，可以果断取消关注。

- **夸赞他人的能力而非外貌。**当你夸赞其他女孩时，不要将重点放在她们的外貌上，要多赞美她们的能力。例如，你可以说："你好聪明啊，刚才你说的话非常有见地。"

- **请记住，喜欢自己的身体和外貌是很正常的！**欣赏自己的感觉十分美妙。

第六章

生殖器官的秘密

让我们一起了解一下生殖器官吧。这听起来或许有点儿严肃，但实际上，只是学习一些有关隐私部位的基础知识。

接下来的内容中有许多新知识，**你无须一口气读完所有内容**！你可以先看一看插图，或者从你感兴趣的部分开始读。我会尽我所能将这些知识讲解清楚，但我知道，很多关于身体的知识都复杂难懂，所以你不妨多给自己一些时间去慢慢熟悉和了解。

准备好了吗？接下来，我将从解剖学的角度为你介绍生殖器官。解剖学是一门专门研究生命体各器官组织构造的科学。毕竟，了解自己的身体构造对每个人而言都至关重要，不是吗？

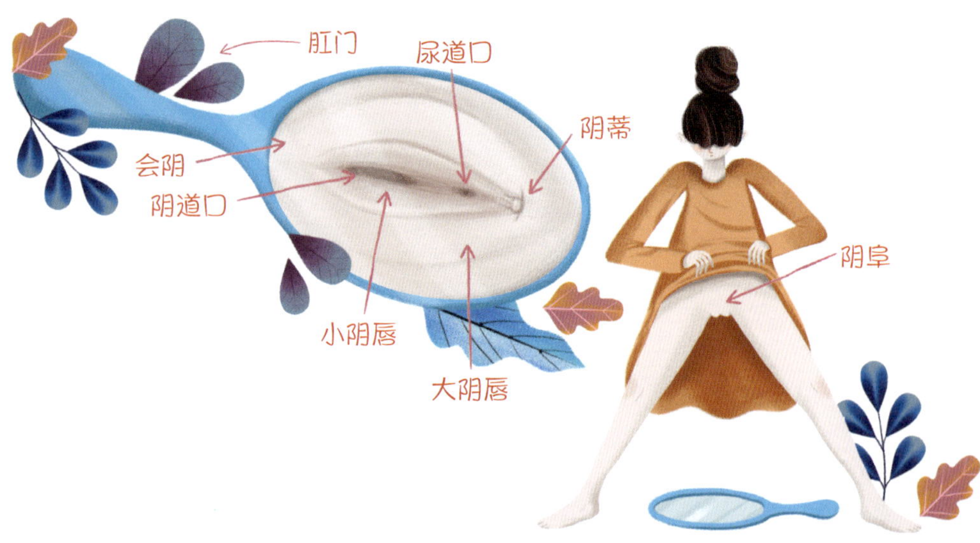

外生殖器

外生殖器也叫**外阴**，有时也被称为阴部或者私处。

- **阴阜**：耻骨联合前方隆起的外阴部分，由皮肤及一层很厚的脂肪构成。
- **大阴唇**：覆盖小阴唇和阴道口的皮肤褶皱，上面通常长有阴毛。
- **小阴唇**：紧贴阴道口的皮肤褶皱。
- **阴道口**：阴道的前端，经血由此流出体外。
- **会阴**：外生殖器与肛门之间的区域。
- **尿道口**：尿液排出口。

✿ **阴蒂**：女性身体最敏感的部位之一，一个重要的功能是给女性带来愉悦感。

✿ **肛门**：粪便排出口。

内生殖器（侧面和正面视角）

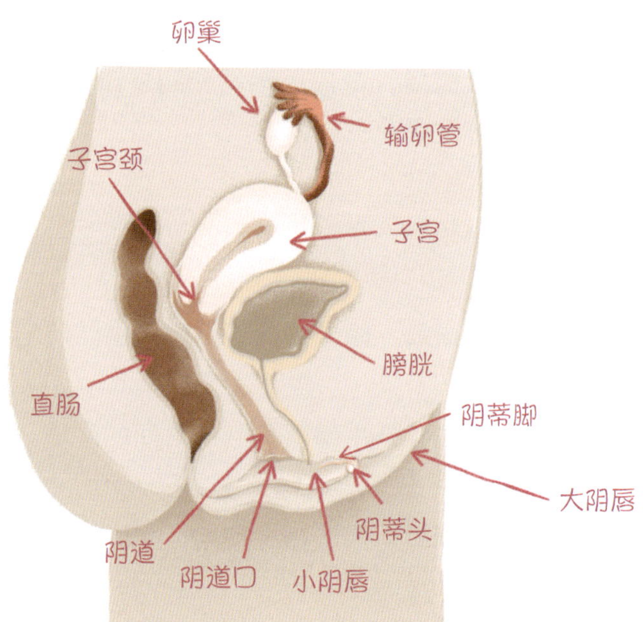

高倍放大镜下的阴蒂

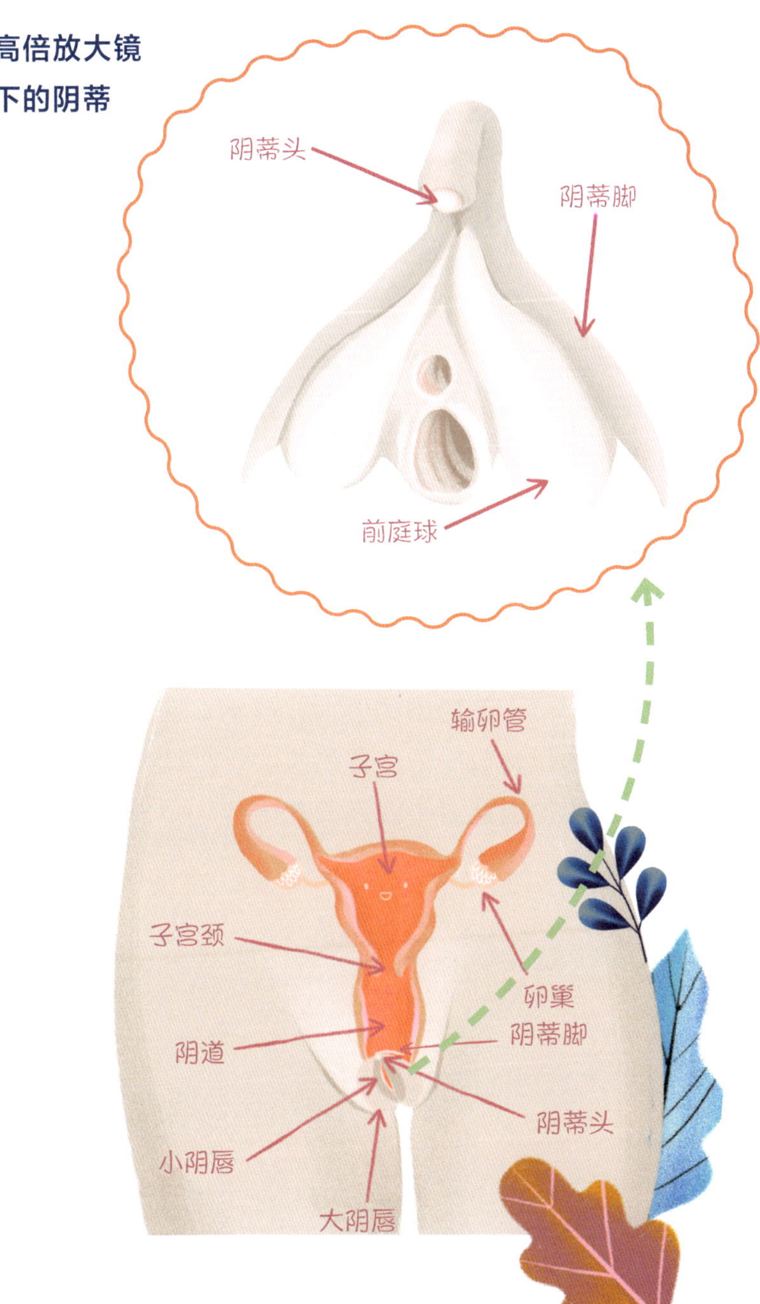
阴蒂头
阴蒂脚
前庭球
输卵管
子宫
子宫颈
卵巢
阴蒂脚
阴道
阴蒂头
小阴唇
大阴唇

- **卵巢**：位于子宫两侧，左右各一。你刚进入青春期时，它们只有豆子那么大，之后会逐渐长到核桃那么大。这里储存着你所有的卵细胞。发育成熟的卵细胞（卵子）可以与精子结合形成受精卵，受精卵会发育成胚胎，最终长成胎儿。卵细胞发育成熟和从卵巢中排出是月经周期的一部分。如果排出的卵子没有受精，你就会来月经。

- **输卵管**：输送卵子的细长管道，位于子宫两侧。

- **子宫**：位于下腹部的器官。成年女性子宫的形状类似一个倒置的梨。子宫具有惊人的伸缩能力，就像气球一样。卵子受精后，在子宫内发育成胎儿。

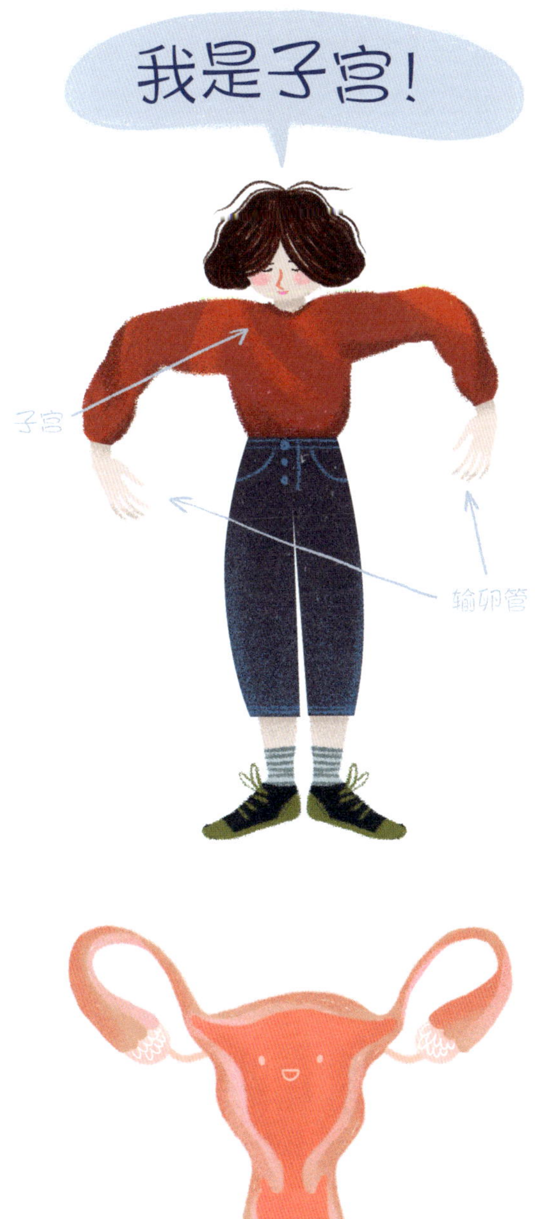
我是子宫！
子宫
输卵管

- 子宫颈：子宫下部较狭窄的部分。顶端有一个小孔，经血通过这个小孔从子宫流出。

- 阴道：位于子宫颈下方的通道。经血正是从这里流出体外，新生儿从这条通道娩出。

- 阴蒂脚：阴蒂的一部分，隐藏在身体内部。

一个建议！

坐在马桶上时，不要刻意用力收紧肌肉来强迫自己排尿或排便。你只需坐下来，放松身体，一切顺其自然就可以了。

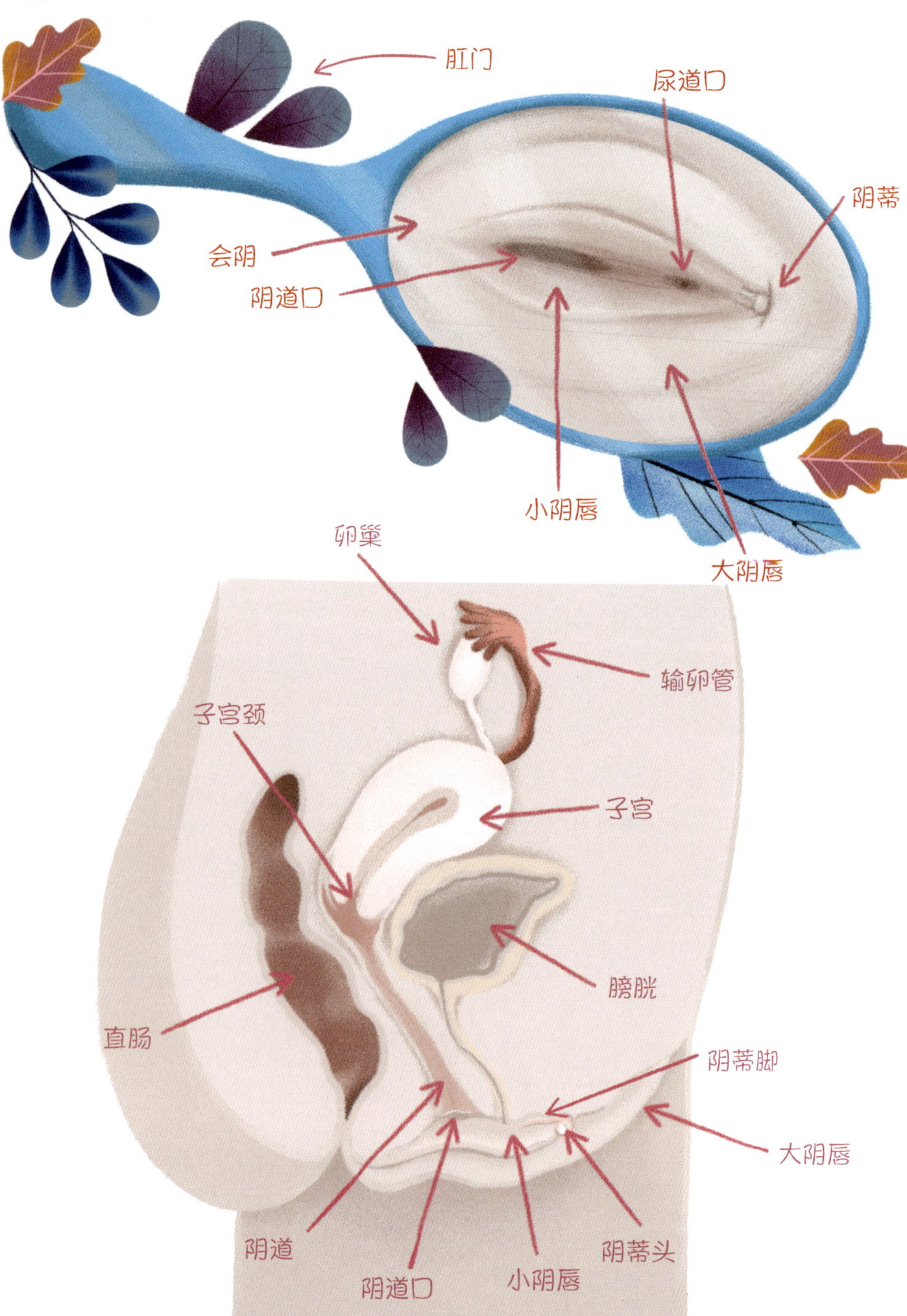
肛门
尿道口
阴蒂
会阴
阴道口
小阴唇
大阴唇
卵巢
输卵管
子宫颈
子宫
膀胱
直肠
阴蒂脚
大阴唇
阴道
阴道口
小阴唇
阴蒂头

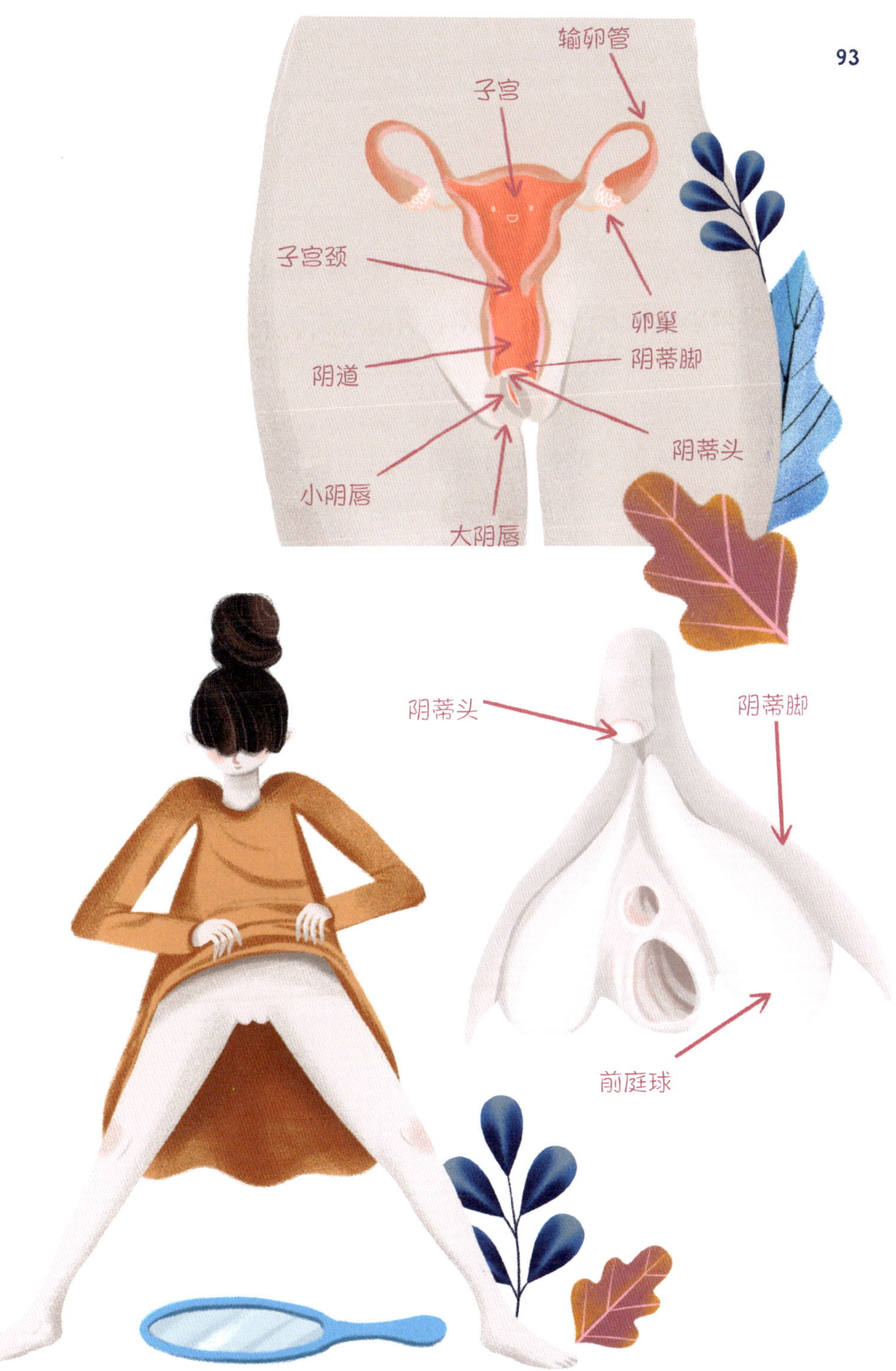

输卵管
子宫
子宫颈
卵巢
阴蒂脚
阴道
阴蒂头
小阴唇
大阴唇
阴蒂头
阴蒂脚
前庭球

什么是生育能力？生命从何而来？

生育能力是生物繁衍后代的能力。你可以将其理解为创造新生命的能力，听起来像不像一种超能力？人需要经历青春期的特定阶段，身体发育到一定程度后，才会具备生育能力。

每个人的生命都始于女性的一个卵子和男性的一个精子的结合，这就像将两块相互契合的拼图严丝合缝地拼在一起。

卵子储存在女性的卵巢中，精子则储存在男性的睾丸中。一般情况下，精子与卵子的结合需要男性和女性通过性行为来实现。

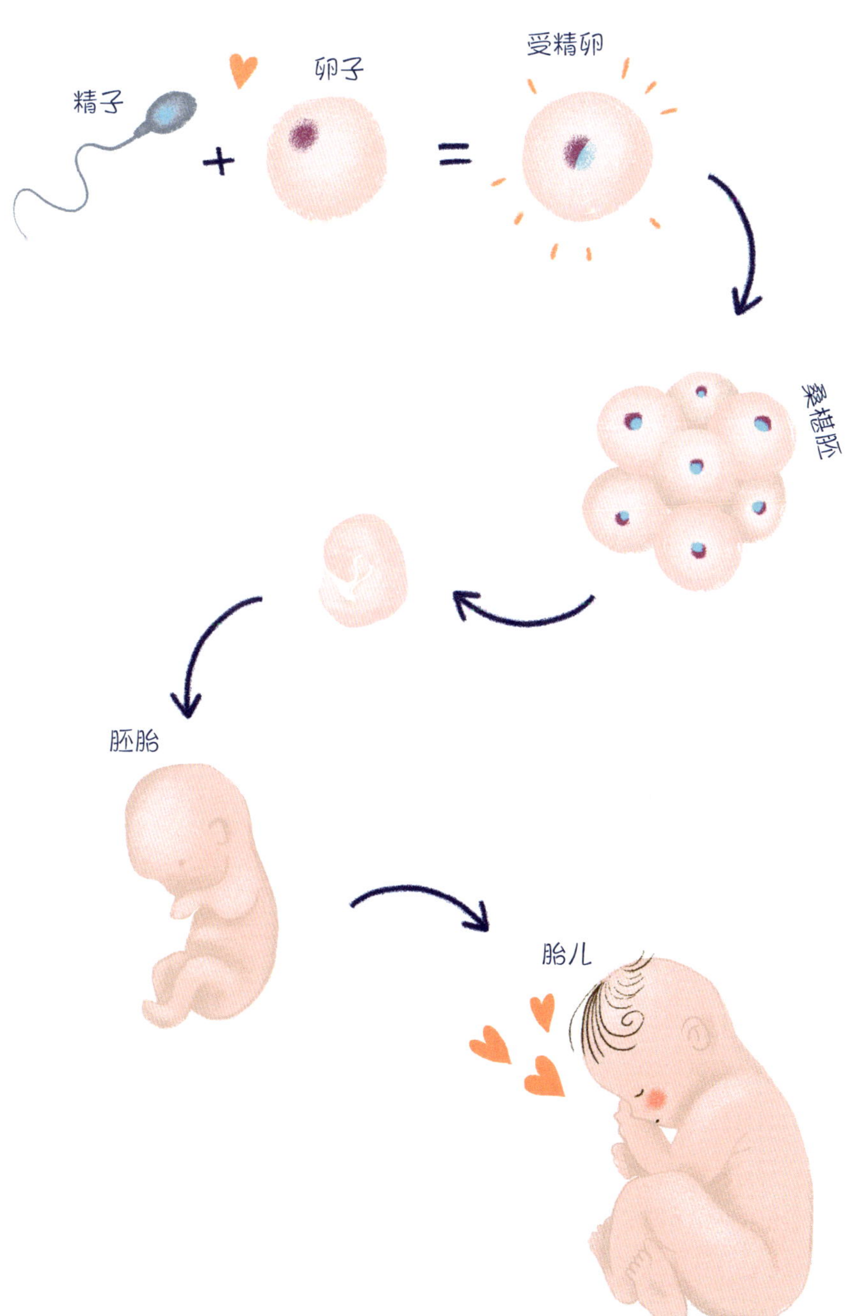
精子
卵子
受精卵
桑椹胚
胚胎
胎儿

如果一对伴侣没有采取避孕措施，当男性的阴茎进入女性的阴道并通过射精释放出几千万到几亿个精子后，其中一个精子可能会与一个卵子结合，形成受精卵。随后，受精卵会在女性的子宫内着床，并开启生命的孕育之旅。**在接下来的几个月里，这个受精卵会逐渐发育成胚胎，最终长成胎儿。**

从怀孕到分娩通常需要9个多月。通过分娩，妈妈将宝宝带到这个世界上，你就是这样从妈妈的肚子里来到这个世界上的。为了将你带到这个世界上，你的父母必须经历你现在的这个阶段，也就是青春期。

第七章

第一次来月经

月经（也叫例假）是伴随卵巢周期性变化而出现的子宫内膜周期性脱落及出血的现象。你可以翻到前面一章，参照解剖图查看身体相关部位。你也可以借助镜子观察一下自己的外阴，并将其与书中的插图加以对比。**知道自己身体各个部位的名称以及位置十分重要。**

来月经代表什么？

来月经是身体发出的一个信号，表明你身体健康且正在走向成熟。如果你愿意，你将来就可以孕育自己的孩子。

从阴道流出经血的这段时期是月经周期的一个阶段。在本章介绍月经周期的部分，我会更详细地讲述这方面的知识。

第一次月经什么时候来？

第一次来月经通常发生在9到16岁之间。当然，由于每个女孩的发育速度不同，第一次来月经的时间也因人而异。有的女孩9岁就来月经了，而有的女孩14岁才开始来月经，这都是正常的。请记住，成长不是一场赛跑！

经期每次持续多久？月经多久来一次？

经期每次持续3~7天，大约4周一次（一般认为一个月经周期为28~30天，关于这一点，后面还会讲到）。在这期间，经血会从阴道流出。月经通常会陪伴女性到50岁左右，这确实是相当长的一段时间，对吧？

什么情况下月经会停止？

女性在怀孕期间月经会暂停。通常来说，分娩后，尤其是停止哺乳后，月经会恢复。此外，因病切除子宫后女性也不会来月经。除上述情况外，不来月经通常意味着身体出了问题，最好去医院检查一下。

女性一般会在50岁左右绝经。绝经是女性在更年期发生的标志性变化之一。

更年期

更年期是人生的一个新阶段。许多女性会在这个阶段回顾自己此前的生活，并做出一些调整。如果她们是母亲，这个时期她们的孩子可能正准备离开家独立生活，或者已经离开了家。因此，这个时期的女性往往会**开启人生的新篇章**，比如培养新的兴趣爱好，开启新的事业等。

月经的“月”是“每个月”的意思吗？这样说好像有一定的道理，因为月经一般每个月来一次。

很久以前，人们便发现了月亮与女性月经周期的关联性——月经周期通常为28~30天，而月相周期约为29天！或许天空中的月亮就是最早的“月经月历”吧？

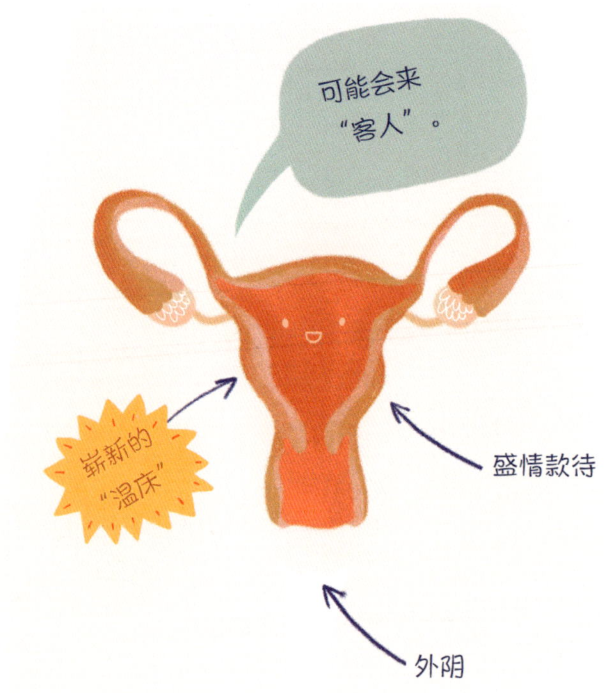

月经是如何形成的呢？

这个过程有些复杂（相信我，很多成年女性甚至也不清楚），但我会尽量用简单明了的方式解释。女性的身体构造决定了子宫每个月都会为可能到来的受精卵做好准备。

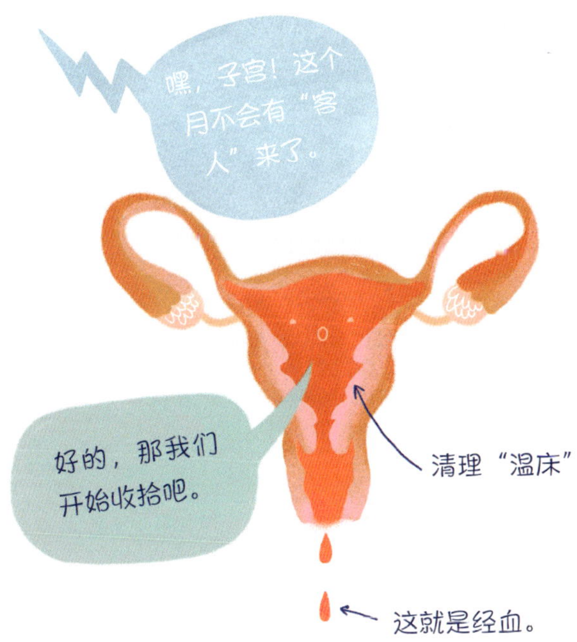

嘿，子宫！这个月不会有“客人”来了。
好的，那我们开始收拾吧。
清理“温床”
这就是经血。

子宫内壁会生成一种**特殊的膜**（子宫内膜）来为受精卵提供营养物质和保护，帮助其生长和发育。

你可以把子宫内膜想象成子宫每个月精心准备的**“温床”**，专门为受精卵提供保护。

在一个生理周期里，如果卵子没有受精，子宫内膜这张“温床”就派不上用场了。这时，子宫就会结束本周期的准备工作，**子宫内膜开始脱落**，**并随着血液和其他物质一起离开子宫**，然后经子宫颈和阴道排出体外（这就好比“温床”被“扔掉”了），**月经就这样形成了**。实际上，在本次月经尚未结束时，子宫便已着手准备下一张“温床”，如此循环往复。

月经周期

经期只是更大周期中的一个阶段，就像满月是月相周期的一个阶段，秋季是四季中的一个阶段一样。这个更大的周期叫作月经周期。

月经周期的阶段

下面的例子里所说的天数是针对一个持续28天的月经周期而言的。个体的月经周期会有差异！

（你可以将月经周期与四季、月相周期进行类比——见下一个对开页插图。）

♡ 第1~4天：经期

对应的季节：冬季

对应的月相：新月

在这个阶段，子宫内膜脱落（子宫在清理“温床”）。脱落的内膜组织会随着血液通过阴道排出体外。

你会有怎样的感受呢？

在这个时期，你需要多休息并关注自己的状态。你可能会精神不济，还会感到疼痛或其他不适。

月相与四季

月经周期

经期

1 2 3 4 5 6 7 8 9 10 11 12 13 14 15 16 17 18 19 20 21 22 23 24 25 26 27 28

月相
四季

秋　冬　夏　春

排卵日

一个建议！

你可以用专门的笔记本或手机应用程序记录你每天的情绪状态。随着时间的推移，你或许会发现自己情绪波动的规律，甚至能够预测你在月经周期中某个阶段会出现什么样的情绪。通过这样的方式，你会更加了解自己！

♡ 第4～14天

对应的季节：春季

对应的月相：上弦月

事实上，垂体在经期分泌的激素就向卵巢传递了这样一个重要信号："回到工作岗位！是时候让下一个卵细胞成熟了！"卵巢接到信号后，随即启动新的卵细胞成熟过程。同时，尽管子宫刚刚"扔掉"了一张"温床"，但它已经开始准备新的“温床”了。子宫内膜逐渐增厚，为下一个周期可能到来的受精卵做准备。

新的卵细胞开始发育！

你会有怎样的感受呢？

在这个时期，你或许会察觉到一股新的能量如潮水般突然涌入你的身体。与此同时，各种新想法也纷至沓来。恰似大自然会在春天苏醒、焕发生机，此刻的你也开启了自己的新生之旅。

♡ 第14天：排卵日

对应的季节：夏季

对应的月相：满月

卵细胞顺利成熟！现在，是时候排卵了。卵子从卵巢来到了输卵管中。

你会有怎样的感受呢？

在这个时期，你可能会在内裤上发现类似蛋清的分泌物。有些女性在排卵期下腹会有轻微的疼痛感，甚至会在内裤上看到少许血迹。

♡ 第14～28天

对应的季节：秋季

对应的月相：下弦月

未受精的卵子开始退化分解，这会向子宫传达一个信号："这个周期不会有受精卵来了！准备'把温床扔掉'吧。"月经周期即将结束，不久后新一轮的周期将会开始。

如果卵子在这个阶段遇到精子并成功受精，身体会跳过上述阶段，直接进入"怀孕模式"。那就是另外一回事了。

你会有怎样的感受呢？

随着经期日益临近，你可能会明显察觉到精力大不如前，情绪也变得不稳定，时而烦躁易怒，时而焦虑不安。通常来讲，这种情况往往出现在我们极度疲惫却未能得到充分休息时，或者在我们极力压抑自己的真实感受，甚至勉强自己去做那些并不愿意做的事情时。

如果没有月经和月经周期，我们就不会出现在这个世界上。月经蕴含着多么强大的生命能量啊！

第一次来月经

第一次来月经的那天是一个特别的日子，**毕竟这是你人生中的第一次**！在一些家庭中，女孩会在这一天收到鲜花或其他礼物。**你可以问问妈妈或者阿姨，她们第一次来月经是什么样的情形**。你们可以一起想一想，是否需要庆祝一下。**不过，最重要的是，确保你自己感到舒适自在。**也许你根本不觉得这一天有任何不同，也许你会感到难过或迷茫，但无论怎样，试着接纳这些情绪。来月经是你生命中的一个重大变化，是一种全新的经历，你需要去了解并适应它。多和其他女孩或成年女性聊一聊会对你有所帮助。

怎么判断第一次月经快要来了呢？

在你的乳房发育了两三年后，你可能会在内裤上发现一些**白色分泌物**。这些分泌物来自阴道，带有淡淡的酸味，是身体自然产生的。**这是你的身体正在推进“青春期计划”的一个标志，意味着一切都在顺利进行**，也表明你的子宫正在为第一次月经的到来积极做准备。一般而言，在接下来几个月到一年的时间内，你就会迎来第一次月经。

你可以问问妈妈她是多少岁来月经的，这或许能成为你青春期成长历程中的一个重要参考点！

经血是什么样的？

经血的主要成分是血液，经血**质地比水稠**，类似糖浆。除了血液，经血里还含有一些果冻状的小块组织，它们是子宫内膜，也就是子宫为迎接受精卵而准备的“温床”的碎片。

第一次来月经时，经血的颜色通常是棕色的，可能要经过几小时，甚至下一次月经来潮时才会变成红色。经血的颜色从浅红到深红不等，且会随着时间和不同的月经周期而发生变化。

看到使用过的卫生棉条或卫生巾时，你可能会觉得经血量非常大。实际上，**一次月经的平均出血量大约为3汤匙（50毫升）**。当然，个体之间存在差异，有些人经血量偏多或偏少。倘若你察觉到自己经血量异常增多，有可能是凝血功能异常、子宫腺肌病、多囊卵巢综合征等因素所致，此时，最好向医生咨询，以确保自身健康。

你的月经周期规律吗？

谈到月经周期时，人们经常会提到两个词——“规律”和“不规律”。若月经周期规律，意味着每次来月经的间隔天数大致相同；若月经周期不规律，意味着相邻两个月经周期的天数有较大差异。举例来说，这个月经周期为20天，而下一个却长达35天。

对处在青春期的女孩来说，月经周期不规律以及月经偶尔“消失”几个月都是常见的现象。**月经周期通常需要6～18个月的时间才能稳定。**倘若你对自己的月经周期感到担忧，务必向你信赖的成年人求助，比如让妈妈带你去咨询妇科医生。

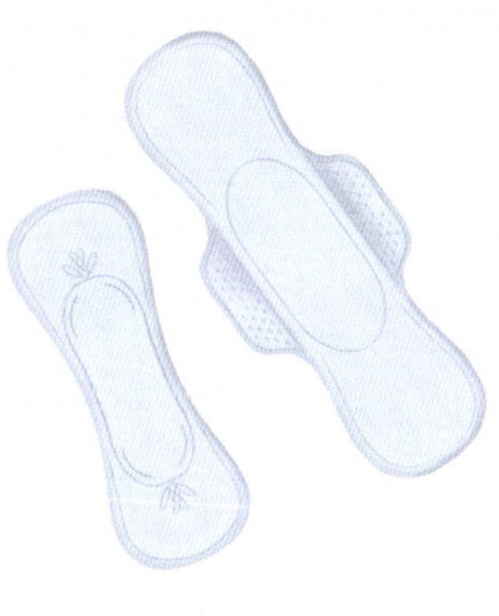

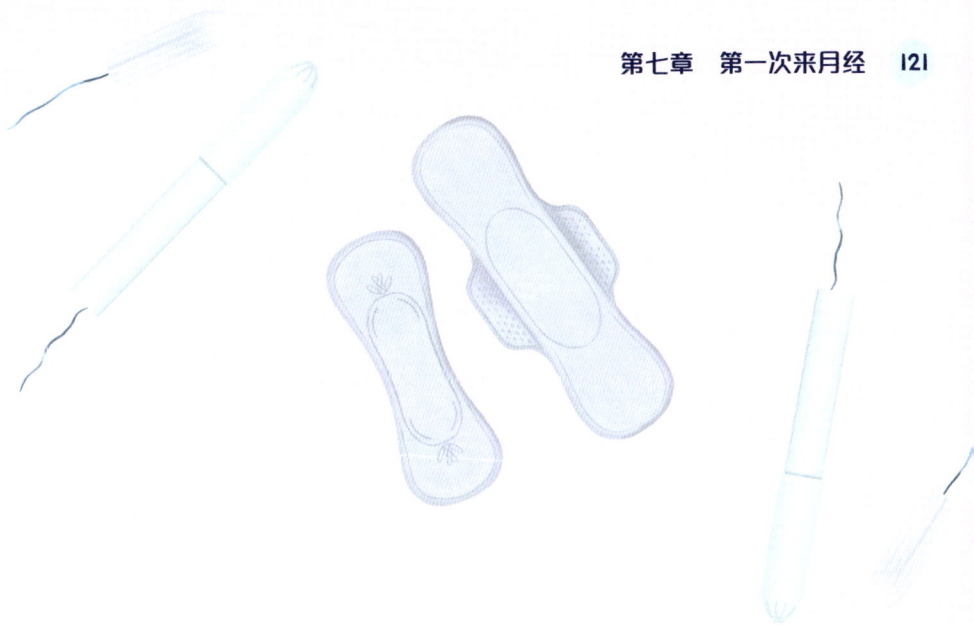

和月经有关的数字

每位女性一生中大约有40年的时间要和月经相伴，会使用1.1万到1.5万片一次性卫生巾。

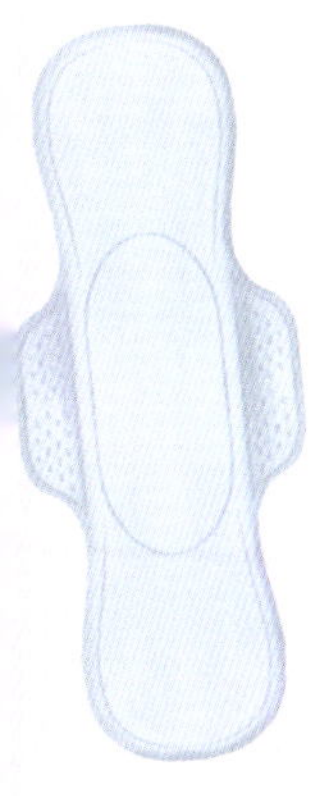

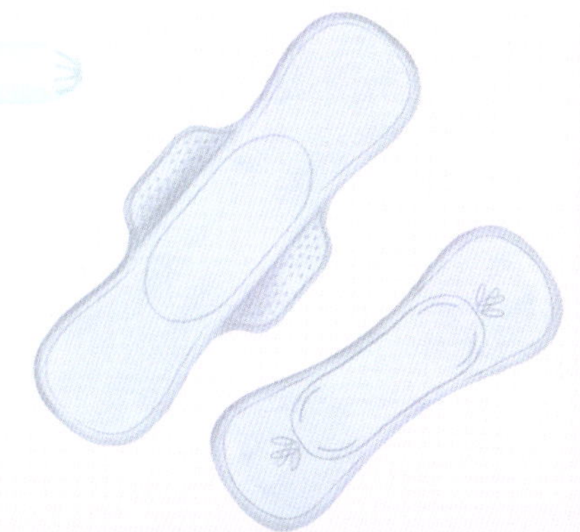

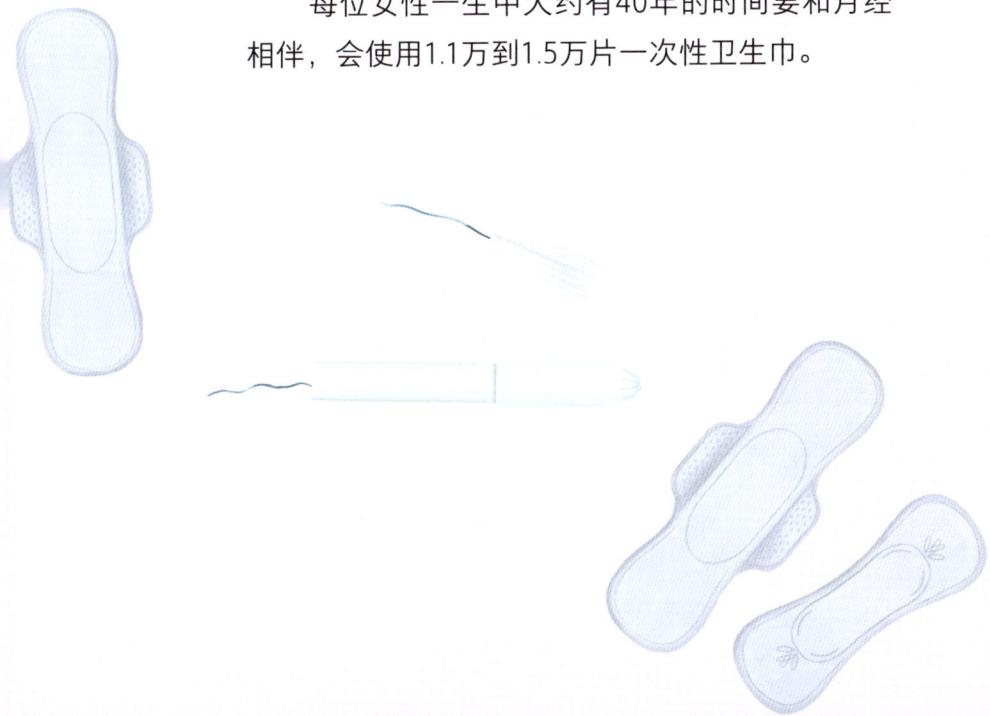

痛经

在经期，你可能会感到下腹部不适甚至疼痛，有时腰部也会隐隐作痛。很多女性都有这种经历。这种疼痛通常是由子宫收缩导致的，子宫通过收缩促使子宫内膜脱落，并将其排出体外。

通常情况下，普通的止痛药就可以缓解这种疼痛，但在服用之前一定要咨询医生。倘若疼痛剧烈，达到难以忍受的程度，甚至影响到你的日常生活，一定要及时就医。

缓解痛经的方法

- 将装有热水的热水袋（小心烫伤！）放在腹部热敷。
- 适当做一些拉伸运动，散散步。
- 确保充足的休息和睡眠。
- 保持愉悦的心情。
- 寻求良好的陪伴。
- 服用止痛药（如布洛芬）。请务必在医生的指导下服用，并严格遵照药品使用说明！

经期的状态

在经期的前两天，甚至在来月经前的几天，你可能会感到格外疲惫。在经期，你可能还会感到虚弱。**这时候，记得给自己一些时间，好好休息。**

什么是PMS？

PMS是英文premenstrual syndrome的缩写，意为经前期综合征。它通常在来月经前的几天出现，包括多种症状，诸如身体紧绷、焦虑不安、头痛以及乳房疼痛。若你有类似症状，建议咨询妇科医生。

你并不孤单！

你知道吗？每时每刻，全球大约有3亿人正处于经期。这个数字比许多国家的人口数都要多。从数量规模上看，这堪称一场“月经狂欢”！

卫生巾、卫生棉条及其他经期卫生用品

在经期，为了防止经血弄脏衣服，女性一般会使用各种能够吸收经血的产品。**你可以请妈妈或者身边其他关系亲近的女性教你如何使用这些经期用品。**

你知道吗？

并非世界各地的女性都能使用卫生巾、卫生棉条或月经杯。在全球许多地区，这些经期用品要么难以买到，要么价格高昂得让人难以负担。例如在非洲的赞比亚，部分女性无奈之下只能用牛粪来代替卫生巾。她们把晒干的牛粪用棉布包裹起来垫在内裤里，因为晒干的牛粪具有一定的吸水性，能够像海绵一样吸收经血。

此外，在不少国家，女性没有可以保障隐私的独立卫生间。这使得她们在经期难以保持良好的卫生状况，因为她们无法在需要时更换卫生巾。

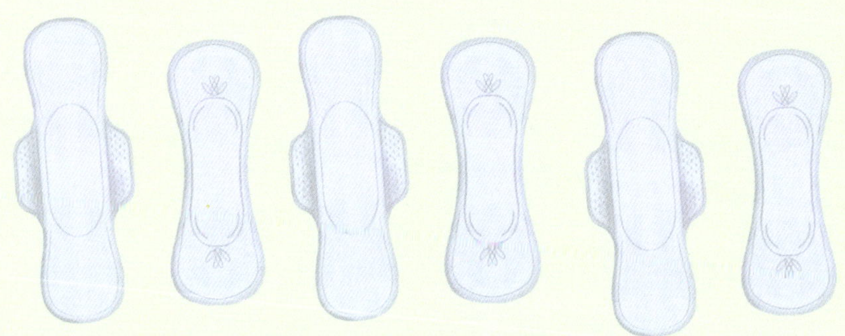

一次性卫生巾

一次性卫生巾是一种长条状的、具有较强的液体吸收性能的卫生用品。使用时，要先撕去中间的纸带，接着将有胶的一面平整地粘在内裤裆部。若为两侧带护翼的卫生巾，需把护翼向后折叠并粘贴到内裤裆部外侧。护翼作为特殊设计部分，能让卫生巾更稳固地附着在内裤上，有效防止滑动移位。

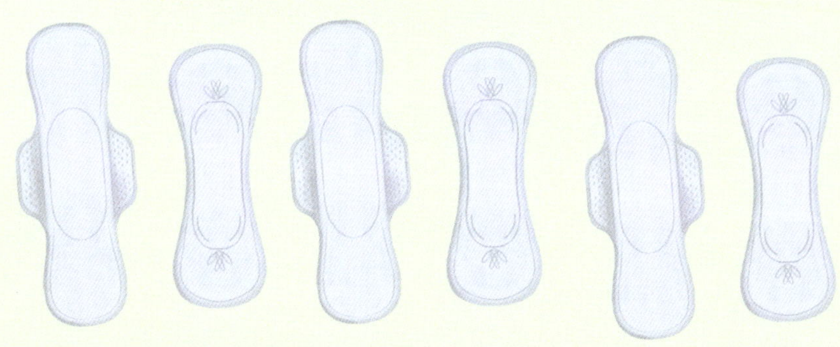

你知道吗？

在中世纪的欧洲，女性服装穿脱极为麻烦，经期时只能任由经血流到衬裙上。直到19世纪末，才出现了一种系在臀部、可以用来固定类似卫生巾的用品的腰带。当时也没有今天我们所熟知的内裤。

一次性卫生巾的种类

一次性卫生巾生产商通常会在包装上标明卫生巾的长度及适合在什么情况下使用。例如：17 cm（量少日用）、25 cm（量多日用）、29 cm（夜用）等，大家可以根据自己的实际经血量选择购买。一般来说，经期第一天及最后两天经血量较少，中间几天经血量较多。夜用卫生巾是专为夜间使用而设计的，比日用卫生巾长，能更好地满足夜间防侧漏的需求。

记得每2~3小时更换一次卫生巾。夜间无须频繁更换，除非经血量较大。早上起床后，你可能会感觉经血量很大，这是因为在夜间经血会在阴道内积聚。

卫生棉条

卫生棉条是一种用吸水性材料制成的圆柱状卫生用品，配有一根细棉线。女性在经期可以将其放入阴道里吸收经血，避免经血流到体外。取出棉条时，只需放松肌肉，然后轻轻拉动棉线即可。

记得每3~4小时更换一次卫生棉条，而且每次更换（放入和取出）前后都要洗手。

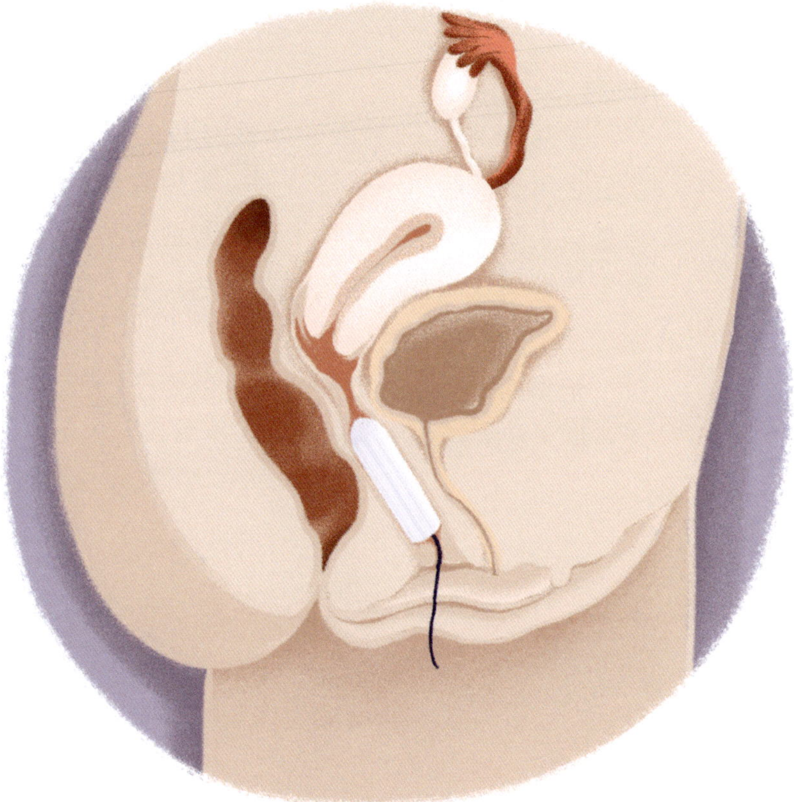

卫生棉条的种类

卫生棉条分为两种。

- **指入式卫生棉条**：通过手指将棉条放入阴道。
- **导管式卫生棉条**：借助附带的导管将棉条放入阴道。

第一次使用卫生棉条时，最好选择型号最小的，这类棉条通常被标注为“小流量型”。等你适应后，再换其他型号的。

一些重要的问题

卫生棉条会“遗失”在阴道里吗？

放心，不会的！阴道的尽头是子宫颈，子宫颈上的小孔非常小，卫生棉条根本无法通过它进入子宫。

如何正确地放置指入式卫生棉条？

1. 清洗双手。
2. 放松身体，可以选择下蹲姿势。
3. 从完好的包装中取出卫生棉条，用食指将其缓缓推入阴道内。
4. 站直，感受是否有异物感。如果有，你可以用手指再轻轻将它往阴道深处推一推。

如何从阴道中取出卫生棉条？

1. 清洗双手。
2. 放松身体。你可以想象你的下腹部有一头正在快乐游动的鲸鱼。
3. 轻轻拉动棉线，将棉条拉出。将取出的卫生棉条用卫生纸包好，扔到垃圾桶中。

什么是中毒休克综合征（TSS）？

中毒休克综合征是一种罕见但严重的感染性休克，常与不当使用卫生棉条相关。为有效降低患中毒休克综合征的风险，建议你选用吸收能力与自身经血量相匹配的卫生棉条。注意，不要出于“以防万一”的想法而选择吸收力过强的产品，同时应严格做到每3~4小时更换一次卫生棉条！

月经杯

月经杯是一种小型容器，可放置在阴道内用于收集经血。使用者需每隔数小时将月经杯取出，倒掉杯中的经血，用清水将其冲洗干净后再重新放回阴道。月经杯能够重复使用，**有的月经杯甚至可以使用15年**，这极大地减少了垃圾的产生。对于刚来月经的女孩，市面上有专门的迷你月经杯可供选择。不过，使用月经杯需要进行一些练习，还需要对自己的身体足够了解。

可重复使用的卫生巾

这是一种由棉布制成的卫生巾，使用后可进行清洗，能反复使用。

你知道吗？

你的奶奶或外婆可能从未使用过一次性卫生巾，因为在她们所处的时代根本没有这种产品。那时，女性通常自己动手缝卫生巾，或者用棉花搭配纱布来代替卫生巾。

我们今天习以为常的一次性卫生巾和卫生棉条，直到20世纪90年代才在中国普及。

经期内裤

这种特殊的内裤有吸收经血的夹层，清洗起来非常方便。

不要扔进马桶！

千万不要把换下来的卫生巾或卫生棉条扔进马桶！这样做极有可能堵塞管道，即便它们侥幸被冲走，也会顺着污水流入河流乃至大海。**一次性卫生巾和卫生棉条含有塑料成分**，这些塑料完全分解需要漫长的岁月。在此期间，它们会漂浮在海洋里，对海洋生物构成严重威胁。

那该怎么办呢？

可以将使用过的卫生巾或卫生棉条扔进垃圾桶或专门用来收纳废弃卫生巾和卫生棉条的容器内。要是卫生间隔间内没有垃圾桶，可以先用卫生纸把卫生巾或卫生棉条包起来，然后扔到卫生间公共区域的垃圾桶里。

血渍和经血侧漏

月经来之前既不会提前“打招呼”，更不会贴心地“发短信”提醒你——要真能这样，那女性应对经期可就轻松多了。月经尤其喜欢挑半夜的时候悄悄“来访”，常让人措手不及。使用卫生巾时还可能出现经血侧漏的情况，经血会沾染到内裤、外裤或其他物品上。**月经总是伴随着血渍。实际上，每位女性都可能经历过经血侧漏，这再正常不过，没什么可奇怪或者羞愧的。**

大笑和打喷嚏

在经期，当你大笑或打喷嚏时有时会感到经血突然涌出，这是因为这些动作会牵动腹部和骨盆底部的肌肉（我们将其称为盆底肌肉），这部分肌肉收缩会将子宫内的经血推出来。如果你想减少这种经血涌出的情况，可以尝试在打喷嚏时，收缩会阴部位。这需要一定的协调性，不过通过练习，你完全能够掌握。只是要记住，完成动作之后需放松身体。

经血与气味

经血可能带有一丝金属的味道，这是因为血液中含有铁元素。

换卫生巾或卫生棉条时，你或许会留意到经血散发出一股难闻的气味，这实际上是经血与空气发生化学反应所致。血液和空气接触会氧化，形成铁氧化物，闻起来像铁锈的味道。夏天，温度高，人体容易出汗，铁锈味和汗味混合在一起，再加上衣物轻薄，会放大这种气味。想要减少这种气味，只需经常更换卫生用品即可。

准备好你的“经期包”

“经期包”是专为经期准备的小包。你可以在里面放卫生巾、护垫、湿巾和便携式抗菌洗手液。此外，别忘了在背包或手提包里备一些卫生纸。

你不需要每天都携带“经期包”，但随身携带一片卫生巾是个明智的选择。即使你自己用不上，说不定能帮到有需要的朋友。

月经月历

想要更好地了解自己的月经周期的话，不妨在日历上记录一下！你可以在日历上标记出（如用小爱心或其他符号）每次来月经的日期，这样你就能准确地知道每个月经周期的天数。经过一段时间的记录后，你甚至可以预测下一次月经什么时候来。此外，你还可以参考前面的插图，标记月经周期的各个阶段！

现在有许多手机应用程序可以帮助你记录月经周期。在使用任何应用程序之前，务必确认它注重用户隐私，并且不会泄露用户数据。

记住，你的个人信息非常重要！

你知道吗？

过去的女性一生中经历的经期次数比现在少得多，这是因为那时的女性频繁地怀孕，她们的哺乳期一般也比较长，而且寿命普遍较短。

如今，无论男女都可以采取避孕措施，这让人们能够自主决定是否要生育后代。

经期上体育课

在经期，你可以做自己喜欢的运动，只要感觉良好就行。

但如果感到不舒服，一定要及时告诉老师。

经期需要更频繁地洗澡吗？

其实，每天洗一次澡就够了。不过，如果你觉得需要多冲洗一次，那也完全没问题！

记住，只需清洗外阴部分，阴道具备自我清洁能力。

别人会知道你正处于经期吗？

没人会知道，除非你自己说出来。

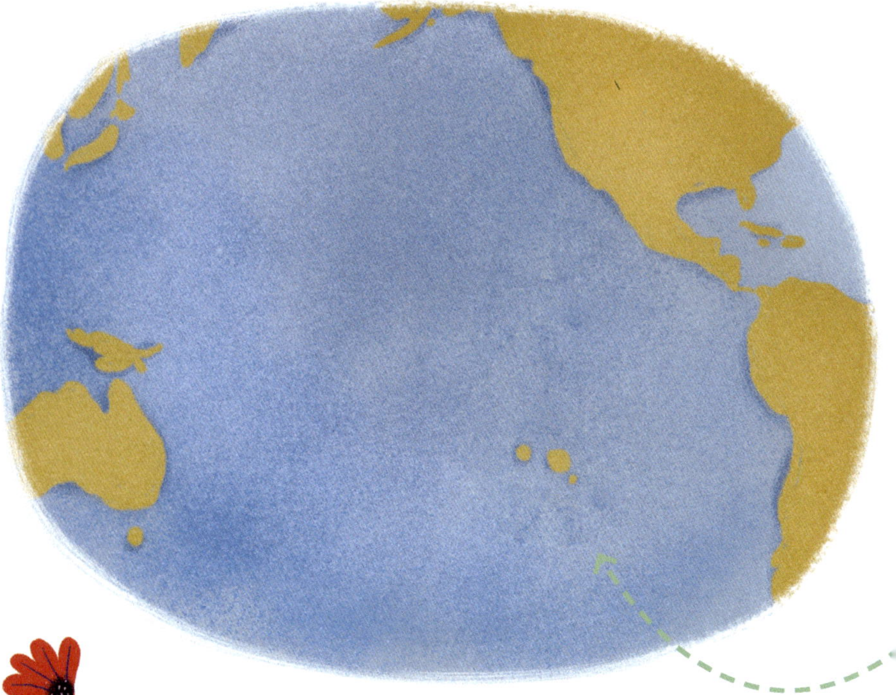

曾经是禁忌话题的月经

在很多文化中，月经曾经是一个禁忌话题。研究历史民俗的学者推测，这是因为当时人们对月经的形成原因及意义缺乏了解。他们将月经视为一种神秘力量，心生恐惧，进而选择避而不谈（这种态度有点儿像“哈利 · 波特”中巫师对伏地魔的态度）。这种“对月经避而不谈”的观念在许多文化中根深蒂固。即便在当今社会，仍有许多女性对月经一事感到羞耻，不愿意也不敢公开讨论它。

谈论月经

谈论月经至关重要。然而在部分家庭或学校中，人们极少提及这个话题，甚至完全避而不谈。因此主动开启关于月经的讨论可能困难重重，需要很大的勇气。倘若你当下正处于这样的环境，别灰心，这或许是因为很多人对月经缺乏了解。**或许你可以尝试与朋友一起翻阅这本书，借此契机打破沉默。**

月经贫困

有些女孩和成年女性可能会因为经济困难而买不起经期用品。在最困难的时候，她们甚至不得不做出选择：是买卫生巾，还是买食物。有的女孩甚至会因为来月经而感到羞耻，不敢向父母开口要钱购买卫生巾。据资料统计，全球约有4000万女性正饱受月经贫困之苦。

平均每位女性一生中在卫生巾上的花费约为2万元人民币，这还不包括其他相关费用，比如购买止痛药的花销等。

你知道吗？

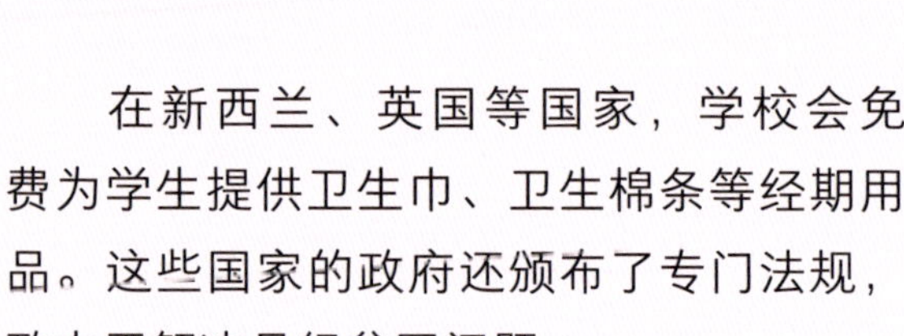

在新西兰、英国等国家，学校会免费为学生提供卫生巾、卫生棉条等经期用品。这些国家的政府还颁布了专门法规，致力于解决月经贫困问题。

新西兰总理曾指出，政府之所以实施这一举措，是因为部分女孩因无力购买经期用品而无奈选择缺课。

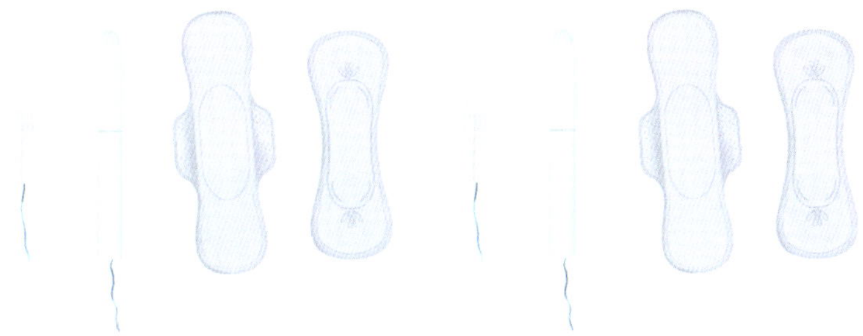

好消息是，如今越来越多的组织正积极投身于向有需求人群捐赠经期用品的公益活动中。

现在，在学校乃至餐厅的卫生间里，你都能发现免费提供的卫生巾或卫生棉条，这无疑是一个意义重大的进步。**这一切的实现，都得益于人们开始越来越多地谈论月经！**

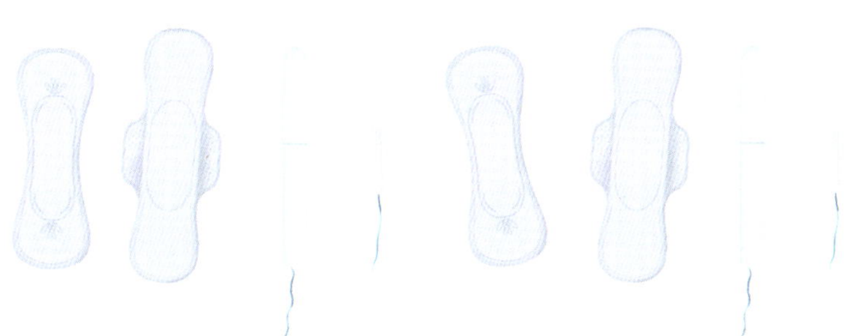

第一次看妇科医生

妇科医生专门负责诊治与女性的子宫、卵巢、阴道以及乳房等器官有关的健康问题。

你可以把妇科医生看作你的“月经与青春期健康顾问”。听起来是不是还不错？

很多女孩第一次到妇科就诊时，**如果医生是女性，她们会感觉自在一些**。如果你很在意医生的性别，可以选择一位擅长接待年轻患者的女性妇科医生。

医生可能会询问你的月经周期是否规律，还可能会问及你在经期的情绪状态。因此，提前记下第一次和最近一次来月经的日期非常有帮助。

记住，在就诊过程中，你可以让妈妈或者其他监护人全程陪在你身边。

一些法规常识

大多数未成年人都要依靠父母来预约挂号和去医院就诊。随着年龄的增长，你可能会想自己去看医生，法律并不禁止你这样做，但是在涉及手术、特殊检查或者特殊治疗时，通常需要父母的陪同和同意。这不仅仅是为了保护未成年人的合法权益，也是为了确保医疗过程的合法性和正当性。法律规定，年满18周岁之后你就能够在没有父母陪同的情况下向医生给予同意。

出现以下情况时，建议你去咨询妇科医生。

- 不到9岁就来月经了
- 13岁时乳房还没有开始发育
- 16岁时还没来月经
- 月经中断3个月以上
- 月经周期少于21天或多于45天
- 阴道异常出血、下腹疼痛
- 经期超过7天
- 经血量过多（每2小时就需要更换一次吸收力很强的卫生巾，且夜间也需要更换卫生巾）

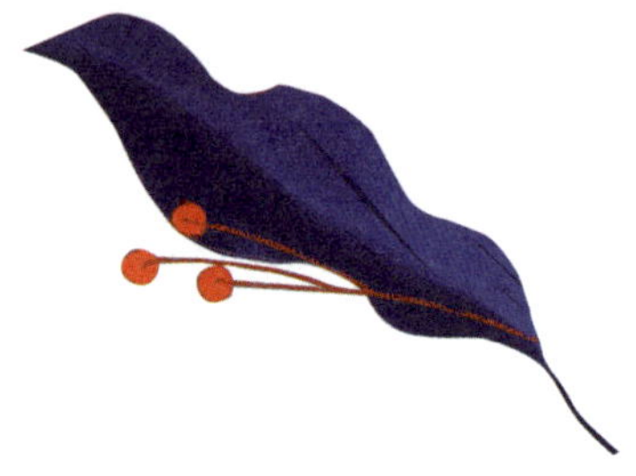

适应月经

来月经是你人生的新体验。起初，它可能会让你感到有压力——就跟你面对所有未知的事物时一样。**了解月经周期并学会与它和谐相处需要时间。**通过记录月经周期，你会发现专属于你自己的生理节律。

第八章

如何在青春期照顾好自己？

现在你已经知道，在青春期你会发生很多变化，不仅有身体上的变化，还有心理上的变化。因此，在这个时期，你要学会照顾自己。你那了不起的身体正在尽量大的努力来帮助你顺利度过这个时期！同时，它也需要你的呵护。照顾自己是一种重要的能力，值得你一生悉心培养。

1.睡个好觉

现阶段，你每天需要睡8~9小时。在睡眠过程中，身体内的细胞得以休息并进行自我修复，大脑会梳理过去一天所有的信息，同时分泌生长激素（没错，你正是在睡梦中茁壮成长的），免疫系统也在悄然增强，为抵御潜在威胁做好准备。**睡眠对健康极为重要！**

2.放声大笑

试着每天都做一些能让你开怀大笑的事情，比如让妈妈给你讲一个笑话，自己编一个搞笑故事，或者看一些关于猫咪和狗狗的趣味视频。

大笑能让你深呼吸。对你的神经系统来说，大笑是一种信号，表明你处于安全状态，可以放松下来。此外，大笑还能促进消化。更重要的是，笑声能让你感到轻松愉快。笑是一种纯粹的享受!

3.健康饮食

你还记得本书第一章的内容吗？你的身体就是你的家，在青春期，你的“家”正在紧锣密鼓地进行“扩建”。为了确保工程顺利完工，你的身体需要“建筑材料”，也就是食物。其中，尤为重要的是有助于骨骼生长的营养素，如钙和蛋白质。你可以多吃奶酪、鸡蛋和豆类等来补充这些营养素。

蔬菜和水果对身体很有益处，我将它们称为“彩虹食物”。这是因为它们色彩极为丰富，比如红色的苹果、紫色的李子、黄色的香蕉、绿色的菠菜、橙黄色的胡萝卜等。食物能够滋养身体，品尝食物也是日常生活中的一大乐趣。你可以从食物的味道、香气和口感中感受到幸福。

4. 多拥抱

早在学会说话之前，人们就已经掌握了拥抱这一“语言”。拥抱如同一条无形的纽带，将我们紧密维系在一起，促使我们友善地对待彼此。

拥抱能够让我们放松身心，赋予我们一种强烈的安全感。此外，科学研究表明，拥抱还可以增强免疫力。

5.开始写日记

写日记是梳理思绪、整理想法的绝佳途径。你不妨给自己设立一个小目标，每隔几天就**在专门的本子上记录身体的变化或者自身的感受**。

我认识不少女性，她们从青春期便开始写日记，并一直坚持到现在。因为对她们而言，这是一种与自己深度交流的重要方式。

6.倾听身体的声音

身体会对情绪产生相应反应。例如，我们愤怒时，通常会不自觉地握紧拳头、咬紧牙关，心脏也会剧烈跳动；我们感到快乐时，腹部往往会涌起一种温暖的感觉；而恐惧则会触发本能的退缩和躲避行为。

识别身体与情绪之间的关联，是一项重要的能力，它有助于你更深入地了解自己。

你可以设计一套睡前仪式来培养这种能力。躺在床上时，你不妨逐个询问身体每个部位的感受（比如从左脚大拇指开始）。每次询问后，稍做停顿，静静地倾听身体的反馈。此时，你可能会感觉到脉搏的跳动、刺痛、凉意，或者没有任何特别的感觉，这些情况都很正常。毕竟，身体有时也需要宁静的时刻！

7.在运动中寻找快乐

你有特别喜欢的运动吗？如果有，那就太棒了，请继续坚持！如果还没有，那就试着找一项能让你乐在其中的运动吧，这是一件非常值得做的事情。请记住，你的身体天生就爱运动，它就是为此而生的！

运动不仅能强身健体，还能让你变得更有力量（就像食物能给人能量一样），并且对你的情绪也有积极的影响。这是由于在运动过程中，人体内会生成内啡肽——一种被称作“幸福激素”的物质。

倘若学校的体育课没能给你带来愉悦的体验，也别不开心。或许是因为你不喜欢团队运动，或许是因为你不喜欢为了成绩而运动，这完全无可厚非。在学校之外，你还有诸多选择，比如游泳、骑自行车、玩滑板、滑旱冰等。

下面是一些一个人就可以做的运动

- 跑步
- 骑自行车
- 跳绳
- 跟着视频学跳舞

8.找到你的“团体”

家庭是你的第一个“团体”。随着你不断成长，朋友会对你越来越重要。因此，**你要谨慎地选择朋友**。你应该选择那些让你感到舒服且值得信赖的人。

第九章

青春期何时结束？

第一次来月经时，你可能会听到一些人对你说：“恭喜你，你已经成长为一个女人了！”但实际上并不是这样的。记住，处于青春期的你还不是一个成年人，你不必强迫自己做一个成年人！

初潮并非一根能瞬间将女孩变成女人的魔法棒。成长是一个循序渐进的过程。虽然身体的发育和成长大致在18岁时完成，但心灵的成长需要更长的时间。通常情况下，18岁在法律上被认定为成年，然而实际上，这仅仅是迈向成熟且独立的个体的起点。从某种程度上来说，**人终其一生都处于成长之中，在不断了解自己、他人以及世界，并在这个过程中收获知识、增长智慧、建立自信。**

你可以与你信任的成年女性交流，问问她是从何时开始感觉自己变成熟的，又是什么事情让她意识到自己成熟了，在这个过程中她发生了哪些变化。你可以向母亲、祖母、姨妈或者其他女性亲人询问，从她们那里你或许能听到一些有趣的故事，同时，你也能借此机会更深入地了解你的亲人！

请记住，每个人的成长方式都不一样，每个人都有自己的道路。你也有你自己的道路！

对你来说，成为一个成熟的人意味着什么呢？请写一写。

你可以在这里记录下其他人给出的有趣的答案。

♥ ………………………………

♥ ………………………………

♥ ………………………………

♥ ………………………………

♥ ………………………………

♥ ………………………………

♥ ………………………………

♥ ………………………………

♥ ………………………………

♥ ………………………………

♥ ………………………………

每隔一段时间，你就可以回顾一下这些笔记，做一些补充。要是有些内容你不再认同，就把它们划掉。无论是增添、删减还是修改，你都可以尽情去做！

勇敢地在人生旅程中前行，探索世界！

沿着自己的道路
前行吧！